Erich Przywara
En torno a una idea de Europa

Instituto Thomas Falkner sj

Facultades de Filosofía y Teología de San Miguel

Buenos Aires

Erich Przywara

En torno
a una idea de Europa

La "crisis" de toda política "cristiana"

introducción, traducción y notas de
Fabrizio Mandreoli y José Luis Narvaja

edición del
Instituto Thomas Falkner sj

© 2015 Instituto Thomas Falkner sj
www.jlnarvaja.com.ar
jlnarvaja@gmail.com

ISBN-13 978-1517406899
ISBN-10 1517406897

Tapa: diseño jlnarvaja

teología política - Europa - Przywara - Narvaja -

Ediciones del Instituto Thomas Falkner sj
Facultades de Filosofía y Teología de San Miguel
Av. Balbín 3226 - (1663)
San Miguel (BA) - Argentina
(+54-11) 4455-7992

INTRODUCCIÓN

ALGUNAS PALABRAS SOBRE EL AUTOR

por José Luis Narvaja sj

Al comienzo de su libro *En y Contra* dice Przywara:

> Si un hombre sólo puede ser entendido correcta-
> mente a partir de la tierra debo hablar de la ciudad
> en la que nací el 12 de octubre de 1889.[1]

Esto es Kattowitz, en la Alta Silesia. Es la tierra donde
limitan tres imperios: el imperio ruso, el alemán y el austríaco. Es la tierra donde la minería y la industria confinan
con "bosques infinitos llenos de canciones". Es tierra ca-
tólica, donde sin embargo, la clase culta está formada por
protestantes y la clase mercantil por judíos. Es propiamente tierra-diáspora, donde se entrecruzan todas las tensiones; y donde la unidad de esas tensiones está dada por la
técnica y la industria, mientras que en el subsuelo permanece el caos.

En esta Alta Silesia nació Erich Przywara. Su padre, de
origen polaco, pertenecía a una familia que se había desarrollado –como dice él mismo– de manera "racionalmente

---

[1] PRZYWARA *In und Gegen*, p. 11.

progresiva" a partir de un estado obrero hasta alcanzar un puesto de conducción, es decir una familia occidentalizada; mientras que su madre pertenecía a una familia de origen alemán, "acentuadamente regresiva" desde la cultura urbana alemana hacia una cultura rural bohemia y por tanto oriental.

Estas son las "tensiones de la tierra" y las "tensiones en la sangre" que conforman el espíritu de nuestro autor.

Decisiva en esta doble tensión de su herencia va a ser la experiencia musical de Przywara en su niñez y su primera juventud: la polifonía de Palestrina, Bach y Liszt entre otros van a dejar una huella en su pensamiento:

> Esta "música como forma" —nos dice— es la auténtica tierra natal de lo que posteriormente denominaría "polaridad", "unidad de las tensiones" y "analogía".[1]

Así como para los pitagóricos el universo resuena con un "ritmo musical" y para Platón Dios es "la medida de todas las realidades y de toda acción", esta "polaridad" y estas "tensiones" se resuelven en la unidad musical de la analogía bajo la forma de la "medida" y el "ritmo". Esta forma musical es el punto firme en el que está anclado el pensamiento de Przywara a la manera de las "fugas de Bach" en las que cada tema aparece en la forma de un diálogo contrapuntístico de esos elementos tensionados y polares, señalando, con todo, la unidad de las respuestas según las distintas tonalidades musicales.

Porque nuestro autor ha sido capaz de descubrir ese tema común en las oposiciones, esa unidad de las tensiones que conforman el camino del pensamiento, en el concierto de la historia del pensamiento.

Es tensión que se manifiesta fundamentalmente en la relación de la creatura con Dios y esto en sus distintas vertientes: el problema de la gracia y la naturaleza, el proble-

---

[1] PRZYWARA *In und Gegen*, p. 13.

ma de la predestinación y la libertad, el problema de lo subjetivo y lo objetivo, que a lo largo de la historia, tanto en la forma de la identidad con Dios, es decir de un renovado y constante "querer ser como Dios" como también en la "distancia de la indiferencia", es decir el no querer tener nada que ver con este Dios, desemboca en el sentido "trágico" de la existencia y en la "tragedia" misma.

La solución queda clara en la analogía de la noche y del amor, un amor que no empieza con la unión sino con el distanciamiento, o mejor dicho la distancia reverencial del servicio, que Przywara encuentra expresada en la oración de san Agustín:

> Tú, más íntimo que lo más íntimo de mi ser, has grabado interiormente en mi corazón tu ley por medio de tu Espíritu como con un dedo, para que no la tema como un siervo sin amor, sino la escoja en casto temor, amándola como un hijo, y la tema en la casta elección del amor.[1]

Ante ella resuenan las palabras de Ignacio de Loyola en la *Contemplación para alcanzar amor*, como tensión entre "amor" y "servicio", en el movimiento objetivo del "buscar y hallar lo que más me conduce" hacia Aquél que es el Dios siempre más grande.

Przywara tiene fama, una fama ganada ciertamente con esfuerzo, de ser un autor difícil. Ismael Quiles decía que percibía el pensamiento de Przywara como un oscuro día de tormenta en el que cada tanto se nos regala la luz de un relámpago.

Dicho con otras palabras, vale para su pensamiento lo que Alessandro Baricco dice de las *Pasiones* de Bach:

> [...] de lo que uno no puede escaparse, es del ritmo. Son narración y oración. Pero ante todo son una liturgia de los tiempos. El tiempo veloz, des-

---

[1] AGUSTÍN *Enarraciones*, CXVIII XXII 6.

encarnado, cortante de la narración, y el tiempo infinito de la oración.[1]

Que nos conduce

[...] como un sendero en el bosque que de repente se detiene. Y lo que viene después es como un "claro" ... geometría pura, arquitectura perfecta, espacio que no termina, horizonte sin límites, es perspectiva hasta donde se pierde la mirada. El tiempo detenido. Sendero, y después claro; sendero y después, claro.[2]

Y este es el ritmo de la "fuga" que construye Przywara descubriendo en las tensiones –aunque aparentemente son contradicciones– una complementariedad y unidad.

Senderos y claros. El último claro ... el más hermoso. El que está al fin de todo el sendero. [...] Por una parte querría cantar la justa alegría del hombre redimido, la gratitud del fiel salvado. Pero en medio está aquella historia del hombre sobre la cruz, y Pilatos que pregunta por la verdad, y el discípulo amado, y Mujer este es tu hijo, Esta es tu madre, y Pedro que traiciona, en definitiva ahí está toda esa historia que es historia de hombres, de dioses huérfanos, de dolor terreno, y conmo-

---

[1] [...] ciò da cui non puoi scappare è il ritmo. Sono narrazione e preghiera. Ma innanzitutto sono una liturgia dei tempi. Il tempo veloce, scarno, tagliente del racconto, e quello infinito della preghiera. BARICCO *Barnum*, p. 78.

[2] [...] come un sentiero. Poi si ferma. E quello che c'è dopo è radura [...] geometria pura, è architettura perfetta, è spazio che non finisce, è orizzonte e non limite, è prospettiva a perdita d'occhio [...] Il tempo arrestato della preghiera. Sentiero e poi radura. Sentiero e poi radura. A. BARICCO *Barnum*, p. 78.

ción humana.[1]

Porque después de la última abstracción ya sólo queda el tiempo y en el tiempo, medida y ritmo, es decir música. Es la música del hombre que sabe que no es Infinito, pero a la vez se sabe asumido por el Infinito y en la cruz de esa Pasión está el último y definitivo lugar de la analogía, donde Dios se hace Dios trágico, para asumir toda tragedia humana. Es la cruz ante la cual el hombre descubre

> [...] un lugar del alma que casi no existía y sl mismo tiempo, una música que es dolor que se desliza, y que por cansancio se rinde, tristeza que se rinde e inclina la cabeza con dulzura, capitula lentamente y se vuelve alegría, antes era dolor y ahora ya no lo es.[2]

Gertrud von le Fort le preguntó a Przywara si se veía más como filósofo o como poeta.

A esta pregunta a quemarropa –nos cuenta el mismo Przywara– respondió que escribía bajo el primado del poeta.

---

[1] Sentieri e radure. L'ultima radura [...] è la più bella. Quella alla fine di tutto il sentiero. [...] Da una parte vorrebbe cantare la giusta gioia del credente redento, la gratitudine del fedele salvato. Ma c'è di mezzo quella storia dell'uomo sulla croce, e Pilato che chiede cos'è la verità, e il discepolo amato, e Donna questo è tuo figlio, Questa è tua madre, e Pietro che tradisce, insomma c'è di mezzo tutta quella storia che è storia di uomini, di dèi orfani, e di terrestre dolor, e umana commozione. BARICCO *Barnum*, p. 79-80.

[2] [...] un luogo dell'anima che quasi non c'era e mise insieme una musica che è dolore che scivola, per stanchezza, si arrende, tristezza che si arrende, e china il capo, con dolcezza, capitola lentamente, e diventa gioia, prima era dolore, e adesso non lo è più. BARICCO *Barnum*, p. 80.

Eso es lo que les entregamos hoy.

Hoy ponemos en sus manos la filosofía y la teología de un poeta.[1]

---

[1] Para una introducción sintética a la biografía y al itinerario intelectual de Przywara, puede verse CEVASCO (2007) y GERTZ (1990). Para tener una visión de su inmensa producción literaria cf. ZIMMY (1963).

EL TEXTO DE *IDEE EUROPA*

por Fabrizio Mandrioli

El mismo Przywara nos cuenta que, originalmente, preparó el texto de *Idee Europa* para una serie de transmisiones radiofónicas que tuvieron lugar en un momento particularmente delicado. En efecto estamos en 1955 y se percibe, agudizado por el contexto de la firma del pacto de Varsovia del 14 de mayo de 1955 y de la entrada de Alemania occidental en la NATO el 6 de mayo del mismo año, el tema de la relación entre los países europeos.

La reflexión sobre la idea de Europa, sobre sus orígenes y sobre su destino había comenzado tiempo atrás. Entre fines del siglo XIX y los primeros decenios del siglo XX diversos pensadores –Unamuno, Ortega y Gasset, Huizinga, Spengler– afrontaron el tema del destino de occidente y de Europa en relación, sobre todo, con el tema de la crisis de la civilización.[1]

En este marco debemos recordar la importante reflexión de Husserl[2] a la que Przywara hace expresa referencia en el título de su opúsculo. Husserl percibe el problema europeo como una crisis de la dimensión profunda de la

---

[1] Cf. HUIZINGA (1966).

[2] Cf. HUSSERL *Idea di Europa*.

Europa que pareciera haber perdido el deseo de pregun-
tarse sobre el sentido y sobre la verdad. Deseo que para él
es la característica propia de la "forma espiritual de Europa" o, en otros términos, "de la idea filosófica inmanente a
la historia" y a la tradición de Europa. Según el diagnósti-
co de Husserl la reducción del conocimiento a un saber
puramente instrumental corre el peligro de hacer desaparecer la pregunta sobre el origen, el sentido, sobre la finalidad de la historia y esto significaría disminuir lo específico del espíritu europeo:

> En la miseria de nuestra vida esta ciencia no tiene
> nada para decirnos. Ella excluye por principio
> aquellos problemas que son los más candentes pa-
> ra el hombre, quien en nuestros tiempos tormen-
> tosos se siente entregado al destino, los problemas
> del sentido y del sinsentido de la existencia huma-
> na en su conjunto.[1]

Se trata para Husserl de la crisis de las ciencias y de la
humanidad europea[2] y, por tanto, del grave riesgo de ex-
travío de la idea de Europa.[3]

El año 1945 es ciertamente un momento crucial en la
historia europea y en su comprensión.[4] Se llega a la conclusión del período trágico signado por las dos guerras
mundiales y la repartición que divide el continente europeo y la misma Alemania en dos bloques políticos. Todos
estos factores estimulan un renovado interés por Europa,
su pasado y su futuro. Sin embargo, en la segunda postguerra este interés no sólo está ligado al tema de la crisis
de la civilización y a aquel tipo de balance que las catástro-
fes bélicas invitan a hacer, sino que posee una dimensión

---

[1] Citado en COSTA (2009: 169).

[2] Cf. HUSSERL *Crisi dell'umanità.*

[3] Cf. HUSSERL *Crisi delle scienze.*

[4] Cf. MAIER (1999: 995-1011).

proyectual ligada a la serie de actuaciones políticas, institucionales y económicas que, en la parte occidental, ponen progresivamente en marcha el proceso de desarrollo de la que se convertirá en la actual Unión Europea, mientras que en la parte oriental se asiste a un tipo de compactamiento ideológico y militar bajo la dirección de la Unión Soviética.

En este marco Przywara comprende que, después de algunos entusiasmos y proyectos inmediatos que siguieron a la segunda guerra, parece faltar una profundización efectiva de la idea de Europa. En particular parece ausente una consciencia adecuada sobre la forma, el sentido, las fuentes de Europa. La misma división en dos concepciones del mundo opuestas que encierran el significado y los valores fundamentales de la existencia individual y colectiva, corre el riesgo de polarizar el pensamiento y de desviarlo de una profundización efectiva.

De esta manera propone una reflexión que, a pesar de partir de la lectura de las raíces constitutivas de Europa, no pretende ser directamente operativa ni tampoco estar al servicio de una reconstrucción políticamente disponible de la identidad de un "nosotros" europeo.[1] En su búsqueda de las raíces europeas parte de la constatación de la insuficiencia de la reflexión de aquellos años, desarrollada sobre la base de una configuración comercial y con finalidades exclusivamente económicas. Przywara considera que una reflexión dominada por intereses específicos carece de la capacidad de descifrar algunos datos profundos de Europa. Y no sólo. En el curso de la obra muestra cómo también algunas reconstrucciones de la tradición europea, de naturaleza histórica y filosófica, deben ser sometidas a un cuidadoso examen crítico. Señal de la fundamental inadecuación tanto de las reflexiones con matriz económica cuanto de las reflexiones de matriz política e histórica pueden ser recordadas como ejemplo: la total ausencia de

---

[1] Sobre este punto cf. BETTINI (2001).

la consideración de Asia y África en la construcción de la idea de Europa, la inadecuada percepción de la relación fundamental entre oriente y occidente y la falta de comprensión de la dimensión teológica y "espiritual" que Przywara no reduce, sin embargo, a un hecho confesional o identitario en sentido superficial.

Przywara propone una especie de *epochè*, de suspensión crítica del juicio, para reconstruir una fenomenología de Europa. Esta reflexión intenta indagar sobre la realidad y la estructura profunda –*Ur-Reale*– de Europa a partir de sus manifestaciones concretas en la historia y en el pensamiento. Obviamente esta reflexión sobre las raíces también está dentro de una postura fundamental de *epochè*: no pretende alcanzar finalidades políticas e institucionales o resultados culturales inmediatos. Se trata, más bien, de un discurso que se mueve, ya sea filosófica ya sea históricamente, sobre largos períodos de la historia europea. El texto de nuestro autor procede según algunas etapas a través de las cuales busca reconstruir fenomenológicamente una Idea de Europa. Como en muchos de sus textos, hay una perspectiva unitaria con la cual lee una multiplicidad de datos filosóficos, históricos y teológicos que pueden revelar la realidad profunda.[1]

En el presente texto, probablemente por la intención divulgativa que está detrás, esta característica aparece acentuada: se trata de una serie sintética de afirmaciones que son una especie de "precipitado" de la vasta y multiforme reflexión de Przywara. Basta recorrer los títulos de los artículos de la revista *Stimmen der Zeit* –de la que él será la firma más importante hasta que la Gestapo la cierra en el '41– para constatar el esfuerzo amplio y continuo de comprensión y de lectura crítica de los autores del pasado y de sus contemporáneos.[2] Confrontación que –se debe recor-

---

[1] Sobre el método fenomenológico de Przywara, cf. MATHIEU: (1968).

[2] Cf. B. GERTZ (1967).

dar– no se da sólo a nivel teórico, sino que a menudo se convierte en un intercambio humano e intelectual muy intenso como tuvo lugar, por ejemplo, en la relación significativa con Edith Stein.

En el breve escrito sobre Europa se esfuerza Przywara por aplicar su método sintético en la búsqueda –que en algunos casos no resulta fácil de seguir– de una Idea de Europa. El tipo de subdivisión en capítulos breves, que afrontan, sin embargo, temas capitales, demuestra elocuentemente esta voluntad de indagar sobre aquellas fuentes de Europa, decisivas para una reflexión sobre la profunda naturaleza del continente.

LOS CONTENIDOS DE LA
IDEA DE EUROPA

El primer capítulo del opúsculo trata de la Europa platónica o aristotélica. Aquí se pregunta Przywara acerca de la esencia –*Wesen*– de Europa ya sea en la reflexión de Platón, ya sea en la de Aristóteles. Además se refiere a algunas construcciones mitológicas, tomadas de la *Metamorfosis* del poeta latino Ovidio, que tienen como tema principal el nacimiento y los sucesos de la joven muchacha fenicia, Europa, raptada por el dios Zeus.[1] A través del mito, que es el modo con que la sabiduría antigua explica el mundo mostrando su verdad profunda, Przywara muestra que Europa, en cuanto continente, está en relación con Asia y África. El mismo análisis etimológico de los nombres utilizados para llamar al continente europeo muestra este aspecto: sólo se puede comprender el norte del mediterráneo en relación con el sur de ese mar, y tampoco se puede comprender el occidente –*Abendland*– si no se lo hace en relación con el oriente –*Morgenland*–. Las raíces platónicas, aristotélicas y mitológicas de Europa muestran su relación estructural con Asia y África y al mismo tiempo revelan el tejido de pueblos y la estratificación de culturas desde el mismo origen de la Idea de Europa.

---

[1] Sobre el mito de Europa, cf. OVIDIO *Metamorfosis*, II, y HERÓDOTO *Historias*, I.

El segundo capítulo trata sobre la Europa política. En él sigue utilizando Przywara su método en la búsqueda de la dimensión originaria de la política europea. Analiza los conceptos de ciudad, de reino, de estado, de alianza. Muestra la centralidad de la idea de *polis*, de ciudad, para comprender la política europea en sus distintas actuaciones históricas. En particular muestra la importancia de la comprensión de la ciudad como lugar de convivencia entre distintas instancias y como posible forma originaria de la política entendida como un consagrarse no a una parte o a un interés privado, sino a la ciudad en su conjunto y en su totalidad. Europa tiene necesidad, estructuralmente y según su forma y raíz originaria, de una política que no sea simplemente defensa de la propia visión parcial o acuerdo entre los intereses de parte, sino que tenga como perspectiva el bien de la ciudad en sus distintos componentes. En esta reflexión desarrolla el concepto de federación –pacto– que tiene una de las matrices originarias en la idea veterotestamentaria y luego neotestamentaria de alianza. El tema es decisivo en la totalidad de la reflexión de Przywara.[1]

Aquí desarrolla el tema de la alianza como lugar en el que se establece no simplemente un contrato o una funcionalidad recíproca, sino como un lazo libre de destino y de mutua consagración en el horizonte de la búsqueda del bien que –en relación con una dimensión teológica esencial– es "de vida o muerte". Esta perspectiva ha influido en varios niveles y de distintas maneras sobre la teología política europea.[2] La regalidad política en occidente ha asumido para Przywara algunas connotaciones derivadas, a través de múltiples mediaciones, de la teología judía y cristiana, en la cual entre el rey y el pueblo se establece una relación de alianza.[3] En particular, Przywara desarrolla la

---

[1] Cf. PRZYWARA *L'uomo*, p. 407-516.

[2] Una reconstrucción de esta perspectiva puede verse en PRODI (1992).

[3] Sobre este tema, cf. KANTOROWICZ (1957).

idea presente en los evangelios de que la aleanza estableci-
da en Jesucristo entre Dios y su pueblo tiene su lugar propio de cumplimiento en el servicio que Jesús cumple para
con los hombres para su salvación. El versículo del evangelio sobre el

> Hijo del hombre que no vino para ser servido,
> sino para servir y dar la vida en rescate por mu-
> chos[1]

se convierte en una especie de prototipo ejemplar de la
verdadera actividad política al servicio de la ciudad entendida como símbolo fundamental de toda estructuración
política. En este cuadro entreví una clara alternativa para
el futuro europeo:

> Según el sentido de la palabra "política", una Eu-
> ropa política es una Europa que tiene y es un úni-
> co burgo, en el que los "europeos" como "miem-
> bros de este único burgo realizan [...] el pleno
> "servicio del burgo". La perspectiva contraria es la
> de impulsar un conjunto de intereses personales,
> tratando de lograr, en la medida de lo posible, un
> equilibrio de intereses. [...] Para la creación de
> una nueva "Europa política" existe, entonces, una
> sola alternativa. O bien las naciones que se separa-
> ron del único "burgo" de occidente para defender
> sus propios intereses reconstruyen ese único bur-
> go de occidente mediante una auténtica conver-
> sión –*Umkehr*– y abandonan estos intereses en fa-
> vor del servicio del único burgo y asumen el mo-
> do de pensar propio de ese burgo único. O bien,
> como "hombres de negocios", negocian un "equi-
> librio de intereses" de manera que este equilibrio
> del mercado con sus interminables regateos, se
> convierte en el único "burgo del occidente". Esto

---

[1] Mt 21, 28.

significa comprender el burgo [y Europa] como
un "mercado" en el que astutos hombres de negocios buscan únicamente sacar ventaja, de manera que la preocupación por la ganancia se convierte en el único contenido de la política como único
"servicio del burgo" [...] en el que se da un encuentro de "intereses del mercado" según la lógica
del *homo homini lupus*.

Dentro de esta perspectiva, que en nuestros días suena
actual y dramáticamente verdadera, propone Przywara de
manera singular hacer de Viena la capital de la futura Europa unida. Prescindiendo de la originalidad de la propues-
ta, es muy interesante el motivo de fondo por el que la
hace. Viena es para nuestro autor el símbolo histórico y
geográfico de una ciudad de frontera, de un lugar de encuentro entre oriente y occidente, entre mundo latino, eslavo y alemán. La ciudad de Viena, de tradición imperial,
sería para él la capital ideal de una unidad de los pueblos
confederados y aliados en el respeto de su multiplicidad.
Esta "ciudad" que es Europa debe ser entendida como
una casa común para diferentes pueblos y tradiciones: en
este cuadro Viena, como capital, simbolizaría esa *multiplex
unitas*.

En el tercer capítulo el autor afronta la Europa del espíritu. Muestra de qué manera la modernidad, en particular
a partir de Kant, Hegel y Leibniz, ha convertido la dimensión espiritual del hombre en una realidad equiparable a lo
que es calculable. Se trata de una especie de cosificación y
matematización de todo. El espíritu se ha convertido progresivamente en el abstracto mundo de los conceptos. La
realidad ya no es la unidad viviente y tampoco el mundo
de la fraternidad. En este desarrollo, sobre el que muchos
autores han reflexionado en el siglo XX, la estructura profunda del mundo se ha vuelto matematizable y comprensible con la inteligencia racional. El espíritu se convierte,
de esta manera, en el lugar de dominio sobre la realidad. El
autor muestra cómo este proceso es, sin pretender con

esto desvalorizar el trabajo de la razón, una reducción y un empobrecimiento del sentido originario del término "espíritu". En las principales culturas matrices de Europa el espíritu indica, en cambio, el mundo de la vida, de la fecundidad, de la apertura y de la mutación. A propósito de esto afirma:

> Lo que nosotros llamamos "espíritu" (apoyándonos en el ídolo de nuestra "cientificidad pura") aparece como una domesticación racional de la fuerza, la movilidad y la fecundidad originarias del "espíritu" y comunes a las antiguas lenguas germana, latina, griega y hebrea. Es como si se intentara domesticar un animal para su uso doméstico. "Espíritu" se ha convertido, para nosotros occidentales, en el dominio sobre la vida y sobre el cosmos, que de por sí son irracionales, por medio de la *ratio*, es decir de la razón pura del hombre, hasta que, al final, lo infinito de la vida y del cosmos aparece ante los ojos de las ciencias de la naturaleza y de la técnica como una imagen numérica, de manera que pueda ser "dominada matemáticamente" por el científico o por el técnico que realiza los cálculos.

Esta tecnificación del espíritu está también en el origen de la tecnificación del poder y de la guerra, que con el inicio de la era nuclear significa la concreta posibilidad para los que tienen el dominio de la ciencia y de la técnica de poder llegar incluso a destruir la realidad en su totalidad por medio de las armas atómicas.[1] La modernidad tiene para Przywara entre sus resultados posibles una capacidad de dominio y de destrucción privada de responsabilidad por la vida.[2] De diverso signo sería la dimensión espiritual europea. El espíritu según las culturas germánica, romana,

---

[1] Son interesantes los estudios de ANDERS (2007).

[2] Sobre la fecundidad de este tema, cf. BAUMAN (1992).

griega, alemana y sobre todo en el mundo bíblico, quiere indicar, en cambio, lo contrario, es decir la apertura fecunda a la historia y a la vida. En una segunda parte de la reflexión sobre la Europa espiritual, el autor muestra, a través de un complejo razonamiento, que la reducción del espíritu a la dimensión de la racionalidad y de la calculabilidad tiene también una dimensión política y filosófica. Asumiendo implícitamente las hipótesis desarrolladas por Weber, muestra cómo un cierto tipo de desarrollo racionalizante de la idea de espíritu en occidente por parte del calvinismo, es determinante para el desarrollo del occidente. En efecto, el intento de construir una ciudad según la ley y el orden, a partir de la experiencia de Calvino en Ginebra, ha influido ampliamente tanto sobre el mundo anglosajón como sobre el mundo estadounidense. Afirma que:

> La idea nacida en Ginebra de una "tierra racional y divina" se expandió a través del puritanismo y conquistó Inglaterra y Norteamérica, que todavía hoy están formadas interiormente por esta idea. De aquí surgió la idea de una "tierra anglosajona racional y divina" que, según la ley y el orden, sustentó y sustenta el usufructo de un "capitalismo" apoyado en el calvinismo. Este capitalismo, que hoy recibe profanamente el nombre de "prosperidad" –*prosperity*–, avanza hacia progresos siempre mayores, pero que siempre –y aún hoy– se basa en el dinamismo de un "espíritu divino" que "impulsa" a sus "elegidos y predestinados".

Para Przywara este fenómeno de una reducción y transformación de la dimensión espiritual no sólo toca al mundo del bloque occidental, sino también al mundo que se refiere, de manera más o menos directa, a la reflexión marxista y que en los años en los que el autor escribe puede ser identificado con el bloque soviético. En efecto, a partir de la reflexión de Hegel –de quien se origina tam-

bién la reflexión de Marx– tiene lugar para el autor una
ulterior y progresiva transformación de la dimensión espiritual en Europa. Proceso que llega a producir el marxismo
y el bolchevismo, que a pesar de ponerse dialécticamente
como antitético al capitalismo, en cuanto momentos de
superación del capitalismo, se conciben como parte de un
mismo sistema y, sobre todo, muestran otro aspecto de la
secularización del espíritu del que ha tomado forma tanto
la tradición hebrea como la cristiana. El marxismo es una
especie de nueva declinación del "reino del Espíritu" que,
como otrora sucedió con el desarrollo del occidente y de
su pensamiento,[1] los hombres querrían realizar dentro de
la misma historia. Nuestro autor sostiene que:

> De esta manera el "materialismo dialéctico" surge
> como "nuevo espíritu" –*neuer Geist*– revoluciona-
> rio, y –por más que desde el principio pretenda
> ser ateo o antiteísta– brota esencialmente del anti-
> guo profetismo revolucionario judío, que es el
> fuego más íntimo de Marx (hecho que hasta hoy
> nadie ha querido ver). Pero también surge del
> apocalíptico gnosticismo revolucionario ruso, cu-
> yo profeta más fogoso es Bakunin. Aunque Marx
> pretenda aparecer como un ateo, no deja de ser el
> profundo judío de la auténtica antigua Alianza.
> Aunque Bakunin pretenda pensar de manera anti-
> teísta, no deja de ser el cristiano ortodoxo griego
> [en el sentido de cristiano de oriente] de la nueva
> Alianza que espera y anticipa el Reino del regreso
> de Cristo.

Y continúa:

> Encerrado entre un capitalismo de mercado calvi-
> nista anglosajón y un capitalismo de Estado de los
> trabajadores judío y greco-ortodoxo, el "reino del

---

[1] Significativas reflexiones en la misma línea encontramos en
Lubac (1982-1984).

espíritu" auténticamente europeo y occidental, resto secularizado, racionalizado y tecnificado del antiguo "Sacro imperio", se convirtió en una "Europa espiritual" *–geistiges Europa–* justamente como lugar de formación pura para los dos imperios de ese "nuevo espíritu" *–des Neuen Geist–*.

En este tercer capítulo, retomando los temas típicos de la reflexión de la época de la reducción de la razón a técnica instrumental, muestra también cómo las representaciones del mundo que presiden a los dos bloques políticos principales, el occidental y el soviético, están ideológicamente radicados en dos movimientos de pensamiento, el capitalista y el marxista, que en definitiva pueden ser entendidos como un desarrollo y una forma secularizada del Espíritu bíblico y cristiano. El reino de Dios –que el Espíritu anima, conduce y crea en la historia siempre en una forma inicial y simbólica– es interpretado, en estas formas secularizadas, como una realización histórica que se pretendería completa y totalmente desplegada. En este cuadro, el reino de Dios se transforma –o mejor dicho, se deforma– en un imperio ideológico. Tanto el capitalismo como el marxismo pueden, de esta manera, ser entendidos como una forma particular de teología y de escatología. Esto no sólo en el sentido de una secularización de las ideas y perspectivas hebreas y cristianas, sino también en el sentido de una asunción como propia de parte de las ideologías capitalista y marxista de rasgos mesiánicos, fideístas y religiosos. Es un proceso que tiene, por tanto, dos direcciones. Este tipo de desarrollo de las ideologías no es, entonces, sólo el fruto de una transformación secularizante que introduce en la historia secular y en el mundo laico –transformándolas– las dimensiones sagradas, sino también fruto de un proceso para el cual las ideologías, animadas por un "nuevo espíritu", asumen a su vez rasgos religiosos en una especie de compleja re-sacralización.[1] A causa de estas raíces últimas, teológicas, de la reflexión, de la historia y de la vida europea, Przywara dedica, de manera coherente con su postura complexiva, el último capítulo a la comprensión de la Europa cristiana.

En la reflexión sobre la dimensión cristiana de Europa, la primera parte se concentra sobre el sentido del adjetivo *christlich*. Esta postura es elocuente en su simplicidad: para comprender bien la Europa cristiana se trata de recoger con exactitud qué cosa se entiende en la tradición cristiana más originaria cuando se usa el adjetivo "cristiano". Przywara muestra de qué manera este adjetivo, cuya referencia original es la unción mesiánica de Jesús de Nazareth, puede ser aplicado a los miembros de la Iglesia. En relación implícita al texto de los Hechos de los Apóstoles en el que los que creen en Jesús son identificados como cristianos,[2] muestra que los cristianos, por medio del Espíritu que ha ungido a Jesús como Mesías, son sus representantes, sus discípulos en la historia. La unción mesiánica de Jesús, sin embargo, debe ser comprendida en la relación orgánica entre Antiguo y Nuevo Testamento. De ello resulta que Jesús puede ser descrito como mesías de los hebreos y salvador de los gentiles. Es el mesías para el pueblo judío y en este mesianismo abre el acceso a la salvación a todos los otros pueblos. Este misterio que significa, en Jesucristo, la unidad de los judíos y de los cristianos tiene, como contenido específico, el modo efectivo con el que Jesús es mesías. Basándose en una serie de textos del Nuevo Testamento, se puede percibir y comprender a Jesús como el lugar del intercambio entre Dios y el hombre:

> El misterio más íntimo de Jesús de Nazareth como el "Mesías de los judíos" y "Salvador del

---

[1] Un estudio que muestra la importancia de las perspectivas que se vislumbran en Przywara encontramos en GENTILE (2007).

[2] Hch 11,26.

mundo" es este "intercambio" –*Austausch*– entre el Dios santísimo y el hombre pecador, que san Pablo expresa con la palabra griega *katallagè*, es decir intercambio por algo totalmente distinto: entre el Dios "totalmente distinto" y bienaventurado y el hombre "totalmente distinto" y desgraciado. Es el intercambio por el que la liturgia llega a exclamar, llena de estupor: *O admirabile commercium!*

La reflexión teológica de Przywara tiene como transfondo una serie de afirmaciones del Nuevo Testamento, como aquella de la segunda carta a los corintios:

Conocen la gracia de nuestro Señor Jesucristo: de rico que era, se hizo pobre por nosotros, para que ustedes se hicieran ricos por medio de su pobreza.[1]

Afirmaciones con las que se señala que en la existencia de Jesús de Nazareth no sólo ha tenido lugar un contacto entre Dios y el hombre, sino un intercambio que intuye una alianza radical en vistas a la reconciliación de los hombres con Dios y entre sí. Esta doctrina del intercambio es para Przywara absolutamente central y da forma no sólo a la misión y a la identidad de Jesús de Nazareth, sino también a la de la Iglesia y a la vida de los cristianos. La Iglesia y sus miembros están, en cuanto "cristianos", al servicio de la reconciliación entre Dios y los hombres alejados de Dios. De manera que el servicio a esta salvación

consiste en que Cristo en cuanto cabeza, la Iglesia en cuanto cuerpo y el cristiano como miembro de este cuerpo son y tienen que ser el "único cordero de Dios" que "toma, asume, carga y quita el pecado del mundo".

---

[1] 2Cor 8,9.

El modo en que Jesús ha obrado la reconciliación se
convierte en la forma de la salvación y de la verdad cristiana y, por tanto, en la misma forma de la salvación y de la
verdad contenidas en el anuncio y en el testimonio de los
cristianos y en su modo de leer la historia. Una verdad
que, siendo reconciliación en un mundo de innumerables y
radicales conflictos originados por "el pecado del mundo"
tiene siempre una dimensión crucificada.[1] En varios textos
poco posteriores a la *Idea de Europa*, Przywara retoma y
profundiza esta perspectiva,[2] podemos recordar aquí lo
que afirma al final de su antropología:

> Este intercambio como "intercambio entre uno
> (el Dios tres veces santo) y otro (el hombre del
> pecado como esclavo de Satanás)", esta *katallagè*
> como recíproca alienación total [...] es la verdade-
> ra, propia y concreta alianza entre Dios y el hom-
> bre, establecida para renovar la antigua, y esto es
> el mundo que se ha vuelto [...] enemigo de Dios; y
> en ella los hombres de la alianza prestan su servi-
> cio como "servicio del intercambio" para la re-
> dención del cosmos en el intercambio, en la re-
> presentación de Cristo (2Cor 5,17-20).[3]

Luego de este análisis esencialmente teológico, el autor
se pregunta cuál es el servicio de una Europa cristiana; la
respuesta está ligada directamente al modo con el que ha
explicado, de manera sintética y radical, el adjetivo "cristiano":

> El "servicio" de una "Europa cristiana" entendida
> como "occidente cristiano" consiste en realizar,

---

[1] Un desarrollo significativo de estos temas, con referencia ex-
plícita a Przywara puede encontrarse en RUGGIERI (2007: 25-42)
y RUGGIERI (2003).

[2] Cf. PRZYWARA: *Logos*.

[3] PRZYWARA: *L'uomo*, p. 415.

con Cristo y en Cristo, la única "diaconía del intercambio salvador". Esto es, según el significado de la palabra *diakonia*, ser el único "mensajero veloz y servidor de la mesa", para "invitar" a un mundo "sin Cristo y sin Dios" al "banquete de las bodas del hijo del rey" y para "servir" luego en el banquete.

Se trata simplemente de una actuación *sic et simpliciter* del cristianismo en la forma en que es atestiguado en el Nuevo Testamento. Para explicar mejor esta perspectiva, muestra cómo los distintos intentos de realización de un cristianismo en la vida política y en la trama histórica, a pesar de haber nacido siempre de auténticas instancias cristianas, se han transmutado en una caricatura del cristianismo auténtico.

En particular, partiendo de las importantes conclusiones del historiador Heer, evidencia que la idea de una actuación del Reino de Dios sobre la tierra, que ha sido la base por ejemplo del Sacro Imperio Romano y de todas las formas políticas e institucionales similares, se ha basado siempre en una concepción bíblica equivocada. No se ha tenido en cuenta la nueva alianza, es decir el tipo de mesianismo de Jesús de Nazareth, sino que se ha interpretado a la Iglesia como una especie de antigua alianza renovada. En este cuadro hermenéutico, la Iglesia se convierte de esta manera en el nuevo Israel. Esta identificación identitaria significa que en vez de estar al servicio de la reconciliación con los lejanos y los enemigos, la comunidad de los cristianos se convierte, en un intrincado entramado de dimensiones religiosas, institucionales y políticas, en un nuevo pueblo electo. Pueblo que, habiendo perdido la consciencia de su destino intrínseco y de la diaconía universal, llega a contraponerse de hecho a los que están lejos y no le pertenecen, identificándolos fatalmente como enemigos.

Ciertamente fue en su origen una "idea cristiana"

que el "cuerpo de Cristo" paulino se ampliara en
una "ciudad de Dios" agustina –*zu einem augusti-
nischen Staat Gottes*– y en un "Sacro imperio" –
Heiligen Reich– constantiniano y medieval como
forma de un occidente cristiano. Pero, como
prueba implacablemente el historiador austríaco
Friedrich Heer, este "Reino de Dios sobre la tierra" se desarrolló en una nueva antigua Alianza de
un "pueblo elegido": porque todos, tanto los Carolingios como el emperador de Bizancio, los Ottones, los Hohenstaufen y los Habsburgo se consideraron a sí mismos como la gloriosa presencia
de la Divina Majestad sobre la tierra y obraron en
consecuencia, hasta ver en los "sin Cristo y sin
Dios" únicamente al "enemigo" que debía ser
obligado a bautizarse o exterminado por medio de
"cruzadas".

Przywara analiza estrictamente esta idea y muestra, si
bien en una síntesis, sus distintas configuraciones históricas hasta llegar a algunas actuaciones contemporáneas a él,
como las de los partidos católicos de Italia, Alemania y
Bélgica de la segunda postguerra.[1] A pesar de reconocer
los estímulos originariamente cristianos, muestra de qué
manera en la construcción de una forma de sociedad o
civilización cristiana existe siempre el riesgo de asumir una
estructura identitaria y, por tanto, de perder la dimensión
del "intercambio", propia de la identidad mesiánica de
Jesús. Dimensión que permite a la misión de Cristo alcanzar a todos los hombre, cualquiera sea su situación de leja-
nía y enemistad con Dios, y consecuentemente permite a
la Iglesia y a los cristianos no vivir para sí mismos, sino
estar al servicio de una reconciliación potencialmente universal. Przywara muestra cómo la idea de un orden cristiano de la sociedad ha tenido y tiene varias configuracio-

---

[1] Para una profundización general, cf. MAYEUR (1983) y DU-
RAND (2002); sobre Italia en especial, cf. SCOPPOLA (1985).

nes que, sin embargo, tienden todas a ser una versión revisada y empobrecida de la forma de la antigua alianza. Intentos que olvidan cómo en el interior de la misma idea de pueblo de Israel y de Iglesia, a pesar de la diferencia de perspectivas y de estatuto entre estas dos entidades, hay tanto una dimensión de testimonio para terceros cuanto una dimensión estructural peregrinante.[1] Sobre este punto, una cita de parte de Przywara, de la carta a los Hebreos:[2]

> Es lo que afirma para los cristianos la carta a los hebreos: "para salir fuera del rebaño de la Alianza y así cargar el oprobio de Cristo"

indica qué es lo específico, según el pensamiento del autor, de la existencia de los cristianos y de la Iglesia, específico que no puede ser sacrificado en nombre de la construcción de un reino cristiano, de una civilización cristiana o de la identificación con una única cultura pretendidamente cristiana. Se trata de seguir a Cristo fuera de los muros de la ciudad santa donde muere como un maldito para poder recoger a toda la humanidad, también a aquella que se cree maldita y abandonada por Dios.[3]

Retoma el tema varias veces:

> En ellos [en los cristianos] se cumple la *katallagè*, el intercambio y rescate, para el entero mundo del pecado, de la muerte y de la maldición. Es servicio del rescate en la representación de Cristo, en la misma forma en que este intercambio de Dios

---

[1] Cf. Levi Della Torre (1995) e Pikaza (2002).

[2] Cf. Hbr 13,12: "Por eso también Jesús, para santificar al pueblo con su propia sangre, padeció fuera de la ciudad."

[3] Gal 3,13-14: "Pero Cristo nos ha liberado de la maldición de la ley haciéndose por nosotros maldición, pues dice la Escritura: Maldito el que cuelga de un madero. De esta manera, los paganos obtendrán la bendición de Abraham mediante Cristo Jesús, y nosotros, por medio de la fe, recibiremos el Espíritu prometido."

tiene lugar en Cristo. Es participación de la genui-
na esencia de Cristo que es el único mediador ente
Dios y los hombres, siendo el cordero del sacrifi-
cio, que toma sobre sí, lleva y soporta los pecados
del mundo. Por eso toca a los discípulos, a los
apóstoles, a los amigos, a los hermanos, a los
miembros de este "mediador de la mediación en
el intercambio" participar en el tomar sobre sí,
llevar y soportar el siempre renovado pecado del
mundo.[1]

Se tata de un "mendigar para enriquecer a todos".[2] Con
términos más fuertes se expresa sobre la identidad de los
cristianos y de la Iglesia[3]

Por eso los discípulos y apóstoles y amigos y hermanos y miembros del único mediador en el intercambio son como él y en él y por él: lo mismo
que él parecía en el pretorio del procónsul romano, delante de los judíos y de los gentiles, él
como imagen del Dios invisible, Dios, a quien
ninguno ha visto jamás, como resto miserable
condenado a muerte... hecho espectáculo del
mundo (1Cor 4,9).[4]

Los textos de Przywara sobre este tema podrían multi-
plicarse, nos basta subrayar la idea de que la Iglesia y los
cristianos pueden ciertamente contribuir a la construcción
de la ciudad terrena europea, pero sin perder este rasgo
original, es decir el de estar "fuera de las murallas" con su
Señor y mesías.[5] Es evidente –y lo veremos mejor– cómo
esta perspectiva se convierte, en la *Idea de Europa*, en el

---

[1] Przywara *L'uomo*, p. 415.

[2] Przywara *L'uomo*, p. 416.

[3] Cf. Faber (1997).

[4] Przywara: *L'uomo*, p. 416.

[5] Véase el interesante desarrollo de este tema en Pikaza (1999).

criterio decisivo de verificación para una seria valoración histórica y teológica de las teologías políticas, de los órdenes sociales y de los proyectos políticos que, de cualquier manera, se originaron o se originan a partir del cristianismo.

TEMAS Y CUESTIONES
SIGNIFICATIVAS

Se ha observado que la reflexión del autor es rica en referencias a la filosofía, a la filología, a la historia y al pensamiento contemporáneo suyo. Muchas de sus observaciones –lo hemos ejemplificado a través de algunas notas– están colmadas de referencias a temáticas que la reflexión posterior ha indagado con atención mostrando su relevancia filosófica e histórica. En el interior de este cuadro elegimos subrayar dos cuestiones que, desde una perspectiva prevalentemente histórico-teológica, nos parecen importantes para comprender la contribución que la lectura de la *Idea de Europa* puede dar a la reflexión actual sobre las dimensiones profundas de la identidad europea. Se trata en primer lugar del tipo de postura filosófica y, por tanto, política y en segundo lugar, dentro de su comprensión de las fases teológico-políticas europeas, del hallazgo, en sentido "arqueológico", de una estructura y de un paradigma teológico que ha formado, en profundidad, Europa y todo el occidente.

La postura filosófica

Una primera nota se refiere a la postura filosófica del autor. No se trata de retomar aquí y ahora la reflexión sobre el valor de su metafísica y en particular del sentido de su comprensión de la *analogia entis*. Estas consideraciones se concentran sobre el sentido y el significado de la *analogia entis* de Przywara a partir sobre todo del debate que tuvo con Karl Barth y su contrastante *analogia fidei*.[1] Es importante subrayar aquí una dimensión de fondo de la postura filosófica de nuestro pensador. Su metafísica es descrita en su forma y en su método como caracterizada por el

> rechazo de la absolutización, por la atención, casi preferencia, por las tensiones y los contrastes. [...] Su forma o aspecto formal está dado por la tensión subsistente entre los dos elementos que constituyen el objeto propio de su reflexión. Esto exige que tenga una impronta creatural, es decir que esté lejos de asumir un carácter absoluto y de hacer asumir a las cosas un carácter autofundante.[2]

Con la expresión "metafísica creatural"[3] se entiende aquella atención que la forma analógica de la filosofía muestra frente a la realidad concreta como lugar de manifestación de su ser profundo y por último como lugar de manifestación –mediada[4]– de Dios. Esta manifestación

---

[1] Cf. SEQUERI (1987).

[2] MOLTENI (1996: 36).

[3] PRZYWARA *Analogia entis*, p. 18.

[4] VOLONTÉ (1995: XX-XXI): "La revelación misma no es ciertamente un conocimiento directo de lo divino, sino sólo su automanifestación por medio de un fenómeno creatural que, en cuanto tal, está afectado por todos los límites propios de la realidad creatural. Nuestro conocimiento de Dios es, entonces, por definición, siempre sólo indirecto, mediado por la realidad creatural en la que nos encontramos. La creación es la única

tiene lugar en base a la estructura analógica que Przywara encuentra y que pone en relación la inmanencia y la trascendencia a través de la proporción analógica *en–más allá de* con el absoluto que, de esta manera, está *dentro–sobre* la creación.

En este contexto el autor recupera la conocida descripción de la analogía realizada –en contexto teológico– por el concilio IV de Letrán:

> En toda semejanza por grande que sea habrá una desemejanza siempre mayor.[1]

De modo tal que, en su pensamiento, entre la creación y Dios no hay ni identidad ni separación, sino "presencia no exhaustiva según el ritmo del 'Dios siempre más grande' y desemejante aún en la semejanza."[2] Cuando uno se acerca a las creaturas y a su historia, encuentra *en* ellas, no fuera, las huellas de una profunda semejanza con Dios, quien a su vez nos remite *más allá de* la creatura en la relación de una desemejanza siempre más grande. El pensamiento analógico, por tanto, busca adherirse a la realidad inmanente "bajo el cielo" y al mismo tiempo es capaz de leer en ella las dimensiones simbólicas y trascendentes.[3]

---

manifestación de Dios a nuestra disposición. La omnipotencia divina se vuelve visible sólo en la realidad autónoma de la creación como producto de su creación. El Dios *dentro de* nosotros está siempre *sobre* nosotros y *sobre* la realidad creatural."

[1] Cf. PRZYWARA *Analogia entis*, p. 129-135.

[2] MOLTENI (1996: 20).

[3] MOLTENI (1996: 77): "La siempre mayor desemejanza a pesar de la semejanza del texto conciliar expresa una composición de opuestos de carácter dinámico. Por tanto, no se trata de una analogía que pone dos extremos y procede a una confrontación entre ellos con el fin de establecer su igualdad o la diversidad, sino de una analogía que ve los dos extremos ligados entre sí en una tensión dinámica de inmanencia y trascendenza. La inmanencia nunca es tal que excluya la trascendencia. La composición de opuestos sólo se puede concebir como dinamismo, orienta-

Esta atención a la dimensión creatural en su densidad y polaridad lleva a Przywara –con modalidades distintas, pero de manera expresa[1]– a prestar la misma atención a lo concreto viviente que Romano Guardini desarrolla en su filosofía basada en la oposición polar.[2] Para estos autores se trata de leer la realidad, de "ir detrás de las bambalinas"[3] de lo real sin reducirlo jamás a un sistema rígido o a una serie de principios predeterminados, sino buscando descifrar lo concreto viviente en su totalidad y amplitud respetando su complejidad, fruto de la concreción de la vida y de la libertad humana presente en la historia. Su filosofía desea evitar que se le escapen lo menos posible las cosas de la vida y por esto la filosofía de la polaridad, con su deseo de adherir a las cosas, es, en el cuadro de la analogía, muy importante en la reflexión de Przywara.[4] En este sentido es comprensible que cuando Przywara descibe al hombre, lo concibe dentro de un amplio campo de tensión: la naturaleza del hombre es tensión *entre* cuerpo y espíritu, hombre–mujer, individuo solo y asociado.

El mismo principio de la analogía es de naturaleza esencialmente dinámica, este es "el más abierto de todos los principios"[5] y más que servir para dibujar estructuras, sirve para encontrar el ritmo de las realidades estudiadas.[6]

---

ción hacia algo más alto, que precisamente los trasciende, pero que sin embargo ya está presente en su tensión, porque es la razón de su composición".

[1] GERL FALKOWITZ (2001).

[2] Cf. GUARDINI *L'opposizione polare.*

[3] PRZYWARA: *Analogia entis*, p. 14.

[4] MOLTENI (1996: 91).

[5] PRZYWARA: *Analogia entis*, 201.

[6] MOLTENI (1996: 24): "¿No es el ritmo acaso el campo propio de poetas y artistas? Ahora bien para él la vida es ritmo, música, como lo era para los sabios de la antigua Grecia y de la antigua China. Se trata de descubrir la cadencia fundamental de este ritmo, que aunque se desenvuelve en infinitas armonías, se refie-

Esto revela una relación que, ya sea en el plano horizontal (creatura–creatura), ya sea en el plano vertical (creatura–Creador), es posible describir como un "ritmo oscilante" entre cosas que se asemejan entre sí, pero también desemejantes. Como ha sido afirmado correctamente:

> No hay nada en él de rígidamente sistemático, se nota más bien una cierta aversión a los sistemas que corren el peligro, volviéndose rígidos, de escapar a la tarea que le ha sido confiada, de mediar entre el pensamiento y los aspectos últimos de lo real, volviéndose fin en sí mismos. Prefiere una filosofía viva, hecha para hombres vivos, que consideran que se deben empeñar no sólo con el raciocinio, sino también con la vida entera, con todas las fuerzas que disponen, en la investigación, diría más propiamente, de lo que es la razón, el *logos* de nuestro ser.[1]

Para comprender, de alguna manera, la sensibilidad que subyace a su modo de hacer filosofía pueden ser útiles las expresiones sobre la vida que Etty Hillesum trae en su diario:

> Está compuesta de contradicciones, todas deben ser aceptadas como parte integrante y no se puede acentuar una a desmérito de la otra. Deja que todo gire y tal vez se volverá aún un único conjunto.[2]

Este respeto de la articulación de la vida en su estructu-

---

re a un único esquema originario, que por eso es simple, como puede mostrar el análisis de algunas composiciones musicales. Lo importante es no perderse en el puro ritmo. [...] Podrá parecer extraño, pero todo su sistema está encerrado en dos preposiciones: *dentro–sobre*. En ellas está, según su opinión, la cadencia originaria del ritmo de la vida."

[1] MOLTENI (1996: 23-24).

[2] HILLESUM *Diario*, p. 58.

ra originaria es homogéneo a la crítica que Przywara hace
de la razón reducida a la única dimensión instrumental o
ideológica. La razón empobrecida a ejercitar una sola dimensión se hace incapaz de recoger la complejidad de la
realidad y su estructuración analógica y simbólica.[1] Su intento de hacer emerger la idea de Europa está signado por
esta sensibilidad por las estratificaciones y las polaridades
de la realidad europea y por un lenguaje que a menudo, en
el interior de un discurso riguroso, encuentra y valora sus
dimensiones simbólicas, mistéricas y míticas.[2] La historia –
también la de Europa– no es, por tanto, el lugar de la identidad o de la necesidad absoluta, sino de la analogía. Para
indagarla de manera adecuada y orientarse de manera sen-
sata es necesario, por tanto, un pensamiento que sea al
mismo tiempo riguroso y responsable, adherente a la realidad y no manipulatorio, creatural y humilde,[3] racional y
abierto a la dimensión simbólica. Debe señalarse de qué
manera esta perspectiva no queda confinada sólo a la dimensión filosófica o a la de la inteligencia metafísica, sino
que se la puede poner dentro de un cuadro más amplio,
político o social.[4] Más allá de cualquier pragmatismo fácil,
la modalidad con la que se realiza la visión del mundo re-
aparece con formas muy concretas y efectivas en el modo
con que se piensa y organiza no sólo la propia vida personal, sino también la vida social e institucional.[5] Como se ha

---

[1] Puede verse el capítulo "Immagine, similitudine, simbolo, mito, mistero, logos" en PRZYWARA *Analogia entis*, p. 337-372.

[2] MOLTENI (1996: 60): "Las esencias, entonces, de las que la
filosofía se interesa desde siempre, no son las ideas abstractas
que no se sabe bien dónde ponerlas, sino la realidad viva, con la
que se tiene contacto vitalmente, mediante el sentir más que con
el especular. Son las "esencias" de los mitos y de los misterios de
las religiones".

[3] Cf. REPOLE (2007).

[4] Cf. MANCINI (2010) y ZAGREBELSKY (2012).

[5] Cf. NUSSBAUM (2004).

afirmado ya con gran lucidez:

> Las visiones del mundo estructuran formas de vi-
> da.[1]

En los difíciles años de la segunda guerra mundial el historiador Johan Huizinga, en la Holanda invadida por los
alemanes, expresaba bien esta convicción de un lazo entre
la postura filosófica y espiritual de fondo y su importancia
para la convivencia política de los hombres:

> Para poder seguir viviendo en una comunidad or-
> denada, los hombres deben reencontrar la cons-
> ciencia del fundamento metafísico de su existen-
> cia, descubrir si esta consciencia se ha perdido y
> en qué medida.[2]

Para repensar hoy la Europa "cristiana"

Przywara concluye su reflexión sobre la dimensión cristiana de Europa observando que la identidad mesiánica de
Jesús de Nazareth como se ha manifestado en la historia
de Jesús,[3] está profundamente relacionada con la visión de
la Iglesia y con la comprensión correlativa del tipo de misión de los cristianos en la historia.

> La verdad de Dios se manifiesta en Jesús en cuan-
> to él se hace solidario con el destino de los que es-
> tán lejos de Dios, se hace, por tanto, pecado y
> maldición. Pero esto quiere decir que a Dios le
> corresponde en la historia una relación con el otro
> que no le imputa sus culpas y lleva a participar de
> su destino: en esta participación, en este hacerse

---

[1] J. Habermas citado en CAVADI (2010).

[2] Citado en GENTILE (2007: 166).

[3] Cf. SEQUERI (1998).

semejante al otro, en esta forma del esclavo, aparece la forma de Dios. [...] La verdad del evento cristológico resumido en la cruz consiste en la revelación que la alteridad forma parte necesaria de la substancia de Dios.[1]

Es importante subrayar aquí un aspecto que en el razonamiento de Przywara no está desarrollado con suficiente amplitud, pero que es una premisa, lógica y teórica, fundamental de su reflexión sobre la cristología del intercambio, del *commercium*, y sobre las realizaciones del cristianismo, más o menos fieles a esta cristología. En algunos pasajes afirma que las actuaciones históricas de la sociedad cristiana están ligadas a una determinada comprensión de la relación entre Antiguo y Nuevo Testamento, entre antigua y nueva alianza. Sabemos por la reflexión teológica que esta relación es compleja y que ha conocido distintas etapas,[2] pero el riesgo, en verdad, es otro: si no se comprende adecuadamente esta relación, se corre el peligro de desarrollar la reflexión –principalmente la reflexión sobre Cristo y sobre la Iglesia– de manera desequilibrada y equívoca.

Para Przywara Jesús en cuanto mesías que cumple las promesas mesiánicas del Antiguo Testamento, debe ser comprendido simultáneamente como el mesías de los judíos y el salvador del mundo. Donde el término mundo indica la apertura universal de la salvación a los no-hebreos y la dimensión cósmica de la acción salvífica de Jesús.[3] Esto conlleva que el misterio de la salvación no consiste sólo en la unificación indistinta de todos en una única identidad o en la salvación de un grupo en detrimento de otros, sino en la unidad de los judíos y paganos.

En el misterio de la unidad de judíos y paganos,

---

[1] RUGGIERI (2007: 34).

[2] GRILLI (2007).

[3] Cf. PENNA (2011).

este único "Mesías de los judíos" y "Salvador del mundo" aparece finalmente, en lo más profundo de su esencia, en el misterio de un Dios santísimo que se presta a un "intercambio", que este Mesías y Salvador "se "intercambia" por el "pecado del mundo": en cuanto que Él "toma sobre sí el pecado del mundo".

Él mismo, como mesías de los judíos y salvador del mundo, es el que cumple el intercambio redentor entre el hombre y Dios y se asume, redimiéndolo, el pecado de los hombres. Es muy significativo que en el texto, cuando se describe la misión reconciliadora de Cristo, se muestra ante todo su misión en relación a su pueblo y en relación a los no hebreos. El pasaje bíblico que parece estar en la raíz de esta serie de afirmaciones es el capítulo segundo de la carta a los Efesios en la que la reconciliación y la paz consisten antes que nada en la unidad entre los cercanos y los lejanos, entre los judíos y los paganos.[1]

En esta visión la Iglesia está concebida como el lugar de esta reconciliación entre distintos,[2] o mejor dicho, según el

---

[1] Cf. Ef 2,14-18: "Porque Cristo es nuestra paz. Él ha hecho de los dos pueblos uno solo, destruyendo el muro de enemistad que los separaba. Él ha anulado en su propia carne la ley con sus preceptos y sus normas. Él ha creado en sí mismo de los dos pueblos una nueva humanidad restableciendo la paz. Él ha reconciliado a los dos pueblos con Dios uniéndolos en un solo cuerpo por medio de la cruz y destruyendo la enemistad. Su venida ha traído la buena noticia de la paz: paz para ustedes los de lejos y paz también para los de cerca; porque gracias a él unos y otros unidos en un solo Espíritu, tenemos acceso al Padre."

[2] Cf. RUGGIERI (2007: 36): "La Iglesia [...] aparece como el espacio en el que la memoria de Cristo, en la fuerza del Espíritu, hace a otros hombres conformes con la verdad de Cristo. Esto implica que la comunión eclesial, en el momento mismo en que realiza la conformidad con Cristo y mediante él, con el Padre, debe necesariamente abrirse al otro. Si sólo fuera centrípeta, no

lenguaje bíblico, entre las dos diversidades teológicamente más radicales: el ser judíos y el no serlo.[1] Este tipo de comprensión es fundamental para nuestro autor, para evitar hacer de la comunidad del mesías y del salvador una "nueva antigua alianza" olvidándose de hecho de que el pueblo de Dios es, para la Biblia, el judío, cambiándolo simplemente con la comunidad del Nuevo Testamento. Przywara está atento a comprender la iglesia no como una especie de sustituto del pueblo judío, sino como el lugar de la reconciliación universal que inicia con la reconciliación entre judíos y no judíos. A pesar de no utilizar esta terminología, evita caer en las insidias fáciles de la teología de la sustitución por la cual la Iglesia, en vez de ser pensada como el lugar de la unidad entre judíos y gentiles, es pensada –también por las complejas evoluciones históricas– progresivamente como compuesta sólo por gentiles y como la sustituta en el plano de la salvación de Dios del pueblo judío; pueblo que, en cambio, entra, con el rechazo de Cristo de parte de algunos del pueblo, en una especie de situación histórica ensombrecida y rechazada. El hecho de que Przywara no asuma esta perspectiva es importante en un doble sentido: teológico y teológico-político.

El aspecto teológico

En cuanto al aspecto teológico, debe observarse cómo las reflexiones del autor, por más que sólo sean un esbozo, van en la misma dirección que las reflexiones que algunos años después aparecerán en la declaración *Nostra Aetate* del Concilio Vaticano II. Reflexiones verdaderamente capitales y complejas que aquí recordamos, al menos, en dos

---

sería conformación con Cristo y no manifestaría la verdad di Dios."

[1] Cf. COVA (1991).

puntos. En primer lugar, el texto del Concilio considera el mundo judío escrutando el misterio de la Iglesia: en este contexto se "recuerda el vínculo con el que el pueblo del Nuevo Testamento está ligado espiritualmente a la estirpe de Abraham". Se trata de la toma de consciencia de que entre la Iglesia e Israel existe un lazo –*vinculum*– que no es sólo histórico, sino espiritual. Este vínculo se expresa recordando algunas afirmaciones centrales: la Iglesia posee los inicios de su propia fe en la historia de los patriarcas; todos sus fieles están incluidos en la vocación de Abraham; ha recibido la revelación del Antiguo Testamento de parte de Israel y su vocación se injerta en la raíz del pueblo de Israel; por último, está formada a partir de la reconciliación de los judíos y de los paganos. Una segunda observación trata sobre la irrevocabilidad del llamado del pueblo judío de parte de Dios: "Ellos, independientemente de su adhesión al evangelio, siguen siendo amadísimos de Dios, cuyos dones son irrevocables."[1] Estas pocas afirmaciones son de gran importancia porque ponen fin a milenios de enseñanza cristiana que veía la permanencia de Israel como pueblo testigo sólo en "sentido inverso". El pueblo judío con la lectura literal de la Biblia, con la propia obstinación a no creer en el mesianismo de Jesús, con la situación de dispersión y, a menudo, de marginación testimoniaría la verdad del evangelio y las consecuencias negativas de su no-acogida. Su historia tan fatigosa y dispersa, según un cierto tipo de lógica, se vuelve testimonio de la falsedad de su posición y de la verdad del evangelio de los cristianos.

Estas pocas anotaciones sobre el texto de la *Nostra Aetate* dejan ver la irrupción de consciencia de la doctrina conciliar con la cual se dio inicio a un complejo y largo proceso de repensar el tema.[2]

En cuanto al judaísmo, no se trata para el cuerpo ecle-

---

[1] *Nostra Aetate*, n. 4.

[2] Cf. STEFANI (2012).

sial de mirar fuera de sí, sino de mirar el propio misterio tal y como se da en la historia. El cardenal Kasper hablando de *Nostra Aetate* y retomando una intuición de Karl Barth, describió la colocación del mundo judío en su relación con la Iglesia con una fórmula significativa: "Sacrament of every otherness that such the Church must learn to discern, recognize and celebrate."[1] La relación con el judaísmo, en su alteridad, forma parte del misterio de la Iglesia en su constitución íntima. La descripción de la Iglesia en términos de identidad o monolíticos –sin que haya un espacio para la comprensión de la alteridad– no es, por tanto, adecuada porque no tiene en cuenta este vínculo interior y espiritual que la Iglesia está obligada a discernir, reconocer y celebrar[2]:

> Ahora bien si la Iglesia católica es esencialmente Iglesia de los judíos y de los paganos y si los paganos están injertados esencialmente en la raíz de Israel, resulta de esto que esta Iglesia contiene en sí un opuesto, algo otro innegable.[3]

El Vaticano II con las pocas líneas del cuarto párrafo de *Nostra Aetate*, con el paso de la teología de la sustitución a una reflexión más atenta a los datos neotestamentarios, obra un cambio de paradigma indicado también por la ausencia en las notas de textos de la tradición cristiana o del magisterio posterior al Nuevo Testamento. Esta ausencia señala elocuentemente que por mucho tiempo la reflexión cristiana no supo producir una teología adecuada al tipo de relación existente entre Israel y la Iglesia, prefiriendo la vía más simple de la sustitución *tout court* del pueblo de Israel con la Iglesia con el consiguiente desarrollo de una "enseñanza de desprecio" y de un antijudaísmo

---

[1] KASPER (2002).

[2] Cf. COVA (2006).

[3] HÜNERMANN (2005: 146).

teológico muy radicado.[1] La Iglesia no es, entonces, el verdadero o nuevo Israel, ya que, basándose en la Escritura, no es posible negar la permanencia de la elección divina respecto a Israel que continúa siendo el pueblo de la alianza.[2] La reflexión de Przywara se coloca, entonces, en este horizonte. Este horizonte, por una parte, ha sido desarrollado con mayor amplitud por el Concilio con la intención de tratar la relación directamente entre la Iglesia y el pueblo judío. Por otra parte, se puede observar cómo la reflexión de Przywara –aunque no posea una instrumentación exegética afinada sobre el problema– está más adelantada que la reflexión inicial de *Nostra Aetate*. Afirmando que la Iglesia es el lugar del intercambio y gracias a este encuentro e intercambio entre distintos y lugar de unidad entre judíos y paganos, muestra que el paradigma de la sustitución no es sólo una cuestión exegética o teórica, sino que es más bien un problema que tiene consecuencias profundas sobre las estructuras del cristianismo, de la eclesiología y de las correlativas teologías políticas.

El aspecto teológico-político

Przywara se muestra, entonces, consciente de que la incomprensión de la diferencia entre el estatuto de la antigua alianza y el estatuto de la nueva alianza produce una serie de consecuencias a nivel teológico, a nivel eclesiológico[3] y también en el plano teológico-político. Nuestro autor reconstruye las distintas fases de las actuaciones históricas del proyecto de inspiración agustiniana de la ciudad de

---

[1] Cf. STEFANI (2004).

[2] Cf. GRILLI (2007: 173).

[3] Sobre las consecuencias eclesiológicas de una nueva comprensión de la relación Iglesia e Israel, cf. CASTELLUCCI (2006) y CASTELLUCCI (2007).

Dios y de un sacro imperio, ya sea constantiniano, ya medieval, afirmando la bondad inicial de la idea. Pero siguiendo los análisis del historiador Heer muestra –como ya hemos visto– que estas actuaciones son una mera reproposición de la antigua alianza en la cual la presunta homogeneidad del occidente cristiano ha llevado a percibir al no cristiano como un enemigo que debía ser combatido[1] o simplemente como un pagano que debía ser anexado. Es significativo que Przywara cite en este punto al historiador austríaco. En efecto Heer está entre los intérpretes más agudos del hecho de que la era constantiniana termina con el fin de la segunda guerra mundial. La cristiandad –es decir aquel tipo de proceso puesto en marcha con Constantino[2] en el que se realiza, aunque con distintas modalidades históricas, un lazo orgánico entre cultura, política, instituciones e Iglesia– se prepara después de alrededor de un milenio a una conclusión epocal.[3] En 1949 en *Aufgang Europas* –texto con el que desea ilustrar en manera genealógica las raíces del presente europeo– Heer afirma:

> Europa, la Europa de los nuevos siglos nació y creció en relación y contraposición con el *Sacrum imperium*. El "sacro imperio" tiene sus raíces en el intento de Carlomagno de organizar el occidente como un estado totalitario. El experimento de

---

[1] Cf. MANDREOLI (2011).

[2] Cf. HEER *Experiment Europa*, p. 25 citado en la traducción de ZAMAGNI (2012: 63): "El monoteísmo como teología política del reino de Dios –la politización de la teología hasta sus conceptos y contenidos últimos y la sacralización de la política–, ésta es la herencia de Constantino, y no lo es en primer lugar a causa de la denominada 'donación costantiniana'. Comprendemos así el significado que ha tenido la figura de Constantino en el milenio siguiente."

[3] Cf. HEER *Experiment Europa*, p. 74.

Carlomagno fracasó.[1]

Este proceso es valorado por Heer como la posibilidad para la Iglesia de retomar los caminos evangélicos abiertos por Francisco de Asís, Ignacio de Loyola y Teresa de Lisieux, rompiendo la barrera que la separaba de los pobres a quienes el cristianismo –en la coyuntura teológico-política de las varias formas de la cristiandad– siempre apareció como la ideología –y la garantía– política de los estamentos dominantes. Ideología con la cual se ha construido

> un muro que casi hasta el día de hoy ha impedido al evangelio alcanzar los estratos más profundos de la consciencia, penetrar hasta el centro del alma.[2]

Para Heer el fin de la cristiandad no significa en absoluto el ocaso de occidente,[3] sino más bien lleva en sí una riqueza teológica decisiva, en cuanto

> la misión de Carlomagno llega a su fin. Cristo mismo retoma la obra de conversión.[4]

La reflexión de Przywara está en sintonía con esta perspectiva. Ve en las distintas formas del intento –se trate de las formas religiosas o de las secularizadas– el mismo equívoco. En este experimento que busca fundir de manera exclusiva un pueblo, una civilización con el cristianismo, ve el constante y subrepticio intento de volver a proponer, sin una novedad estructural, la forma de la antigua alianza. Dando vida de esta manera a un nuevo pueblo de Dios que fatalmente se contrapone a los otros pueblos en cuanto pueblo distinguido y elegido por Dios. Es significativo

---

[1] Citado en ZAMAGNI (2012: 63).

[2] ZAMAGNI (2012: 55).

[3] Cf. SPRENGLER (1919-1922).

[4] Citado en ZAMAGNI (2012: 57).

lo que afirma con respecto al calvinismo:

> Pero la "Iglesia del evangelio" y el "hombre del evangelio" (en el sentido confesional del término "evangélico") se desarrolló en una nueva antigua Alianza: es decir, una Alianza basada en la siempre nueva "conversión" predicada por los profetas. Esta "conversión" se convirtió en el elemento vinculante de la nueva "comunidad elegida" fundada por Lutero y desarrollada por Calvino en la Ginebra de los "elegidos predestinados". Esta concepción contenía la idea de una "tierra de Dios" de los "anglosajones elegidos", quienes quisieron y siguen queriendo ser "conquistadores mundiales" con "cruzadas morales".

Igualmente significativa resulta la valoración del intento moderno de restauración de una sociedad cristiana:

> Ciertamente fue y es una "idea cristiana" que desde mediados del siglo XIX y especialmente después del derrumbe producido por las dos guerras mundiales se formaran en Italia, Alemania, Francia, España y Bélgica los llamados "partidos cristianos", cuyo programa –en consciente o inconsciente continuidad con el Romanticismo histórico– consiste precisamente en esta "Restauración" [de una sociedad cristiana]. Pero la "sociedad cristiana" del antiguo Romanticismo, como también el "socialismo cristiano" de los "partidos cristianos" actuales se desarrolló y se desarrolla hasta convertirse en una última versión de una nueva antigua Alianza para construir un "organismo cristiano": de la misma manera que el pueblo de Israel en la Antigua Alianza se consideró, siempre de nuevo, un "organismo del Dios" viviente en sí mismo, ciegos para ver que tanto el Israel de la

antigua Alianza como el "Israel de Dios"[1] de la nueva Alianza fue elegido únicamente como "instrumento" de Dios, para "salir", siempre de nuevo, "de su propia tierra y de la casa de sus padres".

Para nuestro autor la incomprensión de la relación entre Iglesia e Israel tiene entre las propias consecuencias teológico–políticas una especie de prolongada actuación distorsionada de la eclesiología, de los modos en que los cristianos viven en la historia y con que conciben la propia contribución a las instituciones sociales y políticas. Para Przywara,

> a partir de este desarrollo histórico puede aparecer que una "Europa cristiana" entendida como "occidente cristiano", sea casi como un regreso de aquel Israel, al que Moisés y los profetas llamaron "casa de contradicción" y "raza de dura cerviz".

Pues todas las "formas" cristianas que aparecieron ante nuestros ojos llevan consigo un "no" de dura cerviz a la única y verdadera cristiandad, a la cristiandad del "intercambio redentor".

Para Przywara descuidar los datos originales de la tradición cristiana, no sopesar adecuadamente el tipo de relación entre antiguo y nuevo testamento[2] y no valorar de manera suficientemente aguda el itinerario histórico europeo pueden conducir a correr el riesgo de que en el cristianismo se fundamenten de manera anacrónica, empobrecida y no adecuadamente evangélicas, las propias eclesiologías y las propias visiones teológico–políticas. El riesgo,

---

[1] Cf. Gal 6,16. En la interpretación de este texto –con una exégesis aún tendencialmente sustitucionista, a diferencia de su teología– refiere la expresión "Israel de Dios" al Israel del Nuevo Testamento, es decir al pueblo cristiano, probablemente el texto se refiere simplemente a Israel.

[2] Cf. KASPER (2011).

además, es que los cristianos, en la búsqueda –propia o de los otros– del enésimo intento de influir sobre la construcción de la Europa de la cultura –superficialmente– religiosa y/o cristiana[1] no aporten de hecho lo propio, necesario y específico, contribución a la edificación efectiva y profunda de la Europa que se pone en cambio en la línea profética de discernimiento del sentido de la historia e interpretación de sus líneas dinámicas profundas. Esta contribución consiste por una parte en el testimonio de crítica profética a las formas inicuas[2] e ilimitadas del poder[3] y por otro lado en el testimonio del "hacer la paz" evangélica[4] y de aquel "intercambio" que redime a todos los hombres, a partir de los últimos y los lejanos:

> Por esto "una verdaderamente nueva "Europa cristiana" entendida como "occidente cristiano" sólo puede consistir en que nosotros, los cristianos, con Cristo como "amigo y compañero de mesa de los pecadores" (Mt 11,19) nos hagamos realmente "amigos de los pecadores" y "nos sentemos realmente a la mesa de los pecadores" para ser –sólo de esta manera– cristianos como "Cristo", que no destruye a sus "enemigos" (Is 42,3; Mt 12,20), sino que, en cambio, "toma y vuelve a tomar, carga sobre sí y quita el pecado del mundo" (Jn 1,29).

Para Przywara mismo, permanecer a la altura del Dios revelado en Jesucristo[5] y la distinción adecuada entre antigua y nueva alianza –y el tipo de eclesiología, teología y teología–política que se sigue de esto– es uno de los crite-

---

[1] Sobre la actualidad del tema, cf. DIANICH (2012).

[2] Cf. NICOLETTI (2000).

[3] Cf. PRODI (2012a); PRODI (2012b) y SEQUERI (2011).

[4] Cf. Mt 5,9.

[5] Puede verse sobre este tema BISER (1997).

rios importantes para el discernimiento en la hora presente
–*Theologie der Stunde*– de la realidad europea y de la misión
del cristianismo.[1] Parece que la actualidad de estas pro-
blemáticas –adecuadamente reconsideradas y elaboradas
ulteriormente[2]– no ha disminuido en tiempos –los nuestros– en los que tanto los grupos políticos, culturales y
sociales europeos como los de las Iglesias, parecieran estar
llamados a una profunda reconsideración y a un renovado
discernimiento de la dirección que deben tomar. A esto se
le puede añadir que esta reconsideración no sólo corresponde a los aspectos de las sociedades occidentales o, de
manera todavía más precisa, las reformas necesarias a las
Iglesias cristianas, sino que puede –indirectamente– ayudar
y fecundar la misma reflexión teológica y teológico–
política judía.[3]

---

[1] Cf. PRZYWARA *Alter und Neuer Bund.*

[2] Cf. ILLICH (2009).

[3] Cf. PRODI (2011); sobre la dramática actualidad del tema cf.
GROSSMAN (2012).

NOTAS SOBRE LA EDICIÓN Y
TRADUCCIÓN DE LA OBRA

Los editores de la versión italiana y castellana de esta obra hemos trabajado simultáneamente, lo que nos ha permitido discutir y aclarar mutuamente y despejar las dificultades que el texto presentaba para la traducción. Es sabido que traducir un texto de Przywara no es trabajo sencillo. La dificultad, constatada por muchos, se origina en el modo sintético y a menudo sólo implícito con el que el autor desarrolla sus reflexiones. Hay tres razones principales que son causa de las dificultades que encuentra quien se acerca a su obra.

En primer lugar el amplio uso del "método etimológico" lleva a que "los términos no se empleen en el sentido común y actual, sino que resuena en ellos su significado originario."[1]

Crea dificultad, en segundo lugar, su método "sintético", que "consiste en extrapolar de los textos filosóficos pocas frases en las que está contenido su núcleo conceptual fundamental, para reconstruir luego, sirviéndose de esta ayuda, un pensamiento autosuficiente que, al mismo tiempo, está íntimamente ligado a la

---

[1] VOLONTÉ (1995: XXXIX).

tradición"[1] a la que se refiere.

En tercer lugar, crea dificultad el uso complejo e impresionista que hace de las argumentaciones históricas y de las autoridades filosóficas en base a las que construye las articulaciones del discurso.

Todo esto vuelve su estilo, al mismo tiempo, seco y complejo con un uso de las posibilidades de la lengua alemana particularmente exigente.

En la traducción –tanto italiana como castellana– hemos buscado permanecer fieles a la forma del texto alemán, aunque a veces nos vimos obligados a introducir algunas modificaciones que permitieran una mejor comprensión de la argumentación. No pocas veces, junto a la traducción castellana, hemos considerado útil poner los términos originales alemanes, que permitan una mejor comprensión del razonamiento del autor y de sus conexiones internas.

Las citas de la Biblia están tomadas de la versión castellana de la *Biblia de América*.[2]

---

[1] Ibíd.

[2] Edición de la Casa de la Biblia, 1994.

Erich Przywara

En torno
a una idea de Europa

traducción de
Fabrizio Mandreoli y José Luis Narvaja

PREFACIO DE 1955

Una "Idea de Europa" surgió primero a partir de la idea de una confederación de pueblos europeos. Así la concibieron Père Joseph,[1] el extraordinario místico capuchino, Richelieu y Sully, como idea francesa para oponerse al Sacro imperio: Père Joseph y Richelieu bajo el evidente primado de Francia,[2] Sully bajo la apariencia de un primado del Sacro imperio.[3]

Pero independientemente de este primer intento, Coudenhove-Kalergi planteó al comienzo del siglo (hasta hoy) la idea de una "Pan-Europa".

A esta idea se unió en los años cincuenta de este siglo el intento de Schuman y Adenauer de fundar, a partir de un equilibrio entre Francia y Alemania, una "Unión Europea" (EVG, Europäische Vereinigung) económica, militar y finalmente política, de la cual sólo sobrevive la "Montan-Union" (CECA, Comunidad europea del carbón y del acero).

Por último, la actual Unión Soviética de Bulganin y Chruschtchow busca formar una Europa oriental unida bajo la dirección de la Rusia comunista, que, bajo el lema

---

[1] [François Leclerc du Tremblay. (Ponemos entre paréntesis cuadrados las notas que no están en el original).]

[2] Cf. BURCKHARDT (1947); HUXLEY (1949).

[3] BURCKHARDT (1953).

de una "coexistencia", intenta incorporar al resto de Europa.

El impulso de todos estos intentos consistió siempre en una política de carácter puramente práctico, sin que mediara una auténtica discusión acerca de una "Idea de Europa". Como consecuencia de esto, la relación de Europa con Asia y África no juega ningún papel en dichos intentos.

Finalmente estos intentos muestran con claridad de qué manera se deja casi totalmente de lado un auténtico "Universalismo cristiano" (que hasta Leibniz era la idea fundamental de "occidente"), en favor de una "mancomunión" política y económica. La consecuencia de esto es que todo esfuerzo restaurador actual por un "nuevo occidente" termina por ser algo ideológico vago.

Por tanto, para descubrir una posible "europeidad" es decisivo remontarse hasta las "matrices", las "raíces" y los "orígenes", de manera de experimentar la auténtica "Idea de Europa". Esto es lo que pretenden los estudios que siguen.

Ellos realizan una *epochè* fundamental, es decir una abstracción autocomprensiva, frente a todos los actuales planes y anhelos. Miran "Europa" sólo desde las "matrices", las "raíces" y los "orígenes". No son el sustento de ningún "programa actual" nuevo. Sólo dicen lo que se puede ver a partir de esas "matrices", "raíces" y "orígenes" de Europa. Por eso pueden ser consideradas como una "fenomenología de Europa": pero no en el sentido de una "visión esencial" en el aire, sino en el sentido como el Romanticismo, frente a todos los "idealismos", invocó los "orígenes", como la "realidad primordial" –*Ur-reale*– que conforma la base de todas las realidades.

*

Esta obra es una continuación de lo que el autor desarrolló en el capítulo "Poder" de su *Humanitas* a partir de la etimología de la palabra "poder" en general hasta la idea de "imperio" –*Reich*–.[1]

Al mismo tiempo está vinculado con sus estudios "Democracia" "Prusia" y "Viena como símbolo" en su libro *En y Contra*.[2]

El contenido de la obra fue comentado, en un momento histórico delicado, en el marco de una transmisión radiofónica.

Invierno 1955

---

[1] PRZYWARA *Humanitas*, p. 400-415.

[2] PRZYWARA *In und Gegen*, p. 223-243, 243-253 y 100-122 respectivamente.

EUROPA PLATÓNICA
O ARISTOTÉLICA

(1) Platónica o aristotélica

Una "Idea de Europa" que no deba ser simplemente el signo de confirmación de una asociación de industrias prometedora de ganancia, debe buscarse a partir de la esencia de Europa. Por eso debemos preguntar primero a los dos grandes maestros del pensamiento occidental: Platón y Aristóteles.

Para Platón, todo lo esencial tiene sus raíces en el "cielo de las ideas". "Idea" es la palabra que traduce lo que Platón llama *eidos*, es decir modelo. Un "cielo de modelos" que tiene su lugar precisamente en lo más íntimo del alma del hombre, eso es para Platón lo más real. Todo lo material, corporal, sensible es en sí mismo sólo una "pura posibilidad" de la auto-realización de los "modelos celestes". Una idea de Europa sería entonces un "modelo ideal" que se concreta en una "materia pura", con lo cual una Europa real surgiría de la "participación" en una "idea pura de Europa": a la manera como un artista "concibe" primero la idea pura de su creación, es decir, concibe para dar forma a su obra como copia de su "idea artística".

Para Aristóteles, su gran discípulo y a la vez el crítico más despiadado de Platón, no existe un "cielo de modelos". Para él existen sólo "formas" presentes en la existencia real. La existencia material y vital está conformada internamente por formas —es decir, posee un ser morfológico— y en este caso el pensar sólo puede consistir en reconocer y poner en evidencia estas formas del ser: una "morfología" de la existencia real expresada en la doctrina de las formas internas de esta existencia.

Una "Idea de Europa" a partir de Aristóteles, sólo puede ser entendida como una "forma de Europa" que es lo último en el ser real de Europa y que debe ser extraída, es decir "abs-traída" de ella.

(2) El mito platónico de Europa

Una "Idea de Europa" platónica surge de un "modelo artístico celeste de Europa", es decir, un modelo que se expresa en un mito: a la manera como Platón desarrolla sus ideas más profundas a partir de los mitos (como, por ejemplo, desarrolló su idea de Estado a partir del mito de Atlántida[1]). Pues los mitos nunca son realidades accesibles a una investigación ni están sometidos a su juicio. Los mitos son "modelos celestes" que tienen su lugar real en la profundidad del alma de un pueblo.

Este "mito de Europa" como esencia de una "Idea de Europa" platónica es el mito romano del rapto de Europa, la hija del rey fenicio, por Júpiter, el dios principal del Estado romano, quien se convirtió en un toro para llevársela sobre su lomo. Es el mito, como nos lo cuenta el poeta romano Ovidio en sus *Metamórfosis*, que significa "Transformaciones":

> El Padre y soberano de los dioses, cuya diestra va armada con el fuego de tres puntas, el que agita el orbe con sólo mover la cabeza, [...] toma la apariencia de un toro [...]

---

[1] [Cf. PLATÓN *Timeo*, 20d-26e y *Critias*, 108c-121c.]

> La hija de Agenor queda asombrada [...] y la real don-
> cella ya se anima [...] a sentarse en el lomo del toro [...]

> que se lleva su botín a través de las llanuras de alta mar
> [...]

> Ella se vuelve para mirar la playa abandonada y con su
> mano derecha sujeta un cuerno, mientras pone la otra
> sobre el lomo; y al soplo del viento ondean sus vesti-
> dos.[1]

En este "mito de Europa" se trata de una Europa fenicia: de Tiro y Sidón asiáticos, que, siglos antes de Cristo,
fundó el primer imperio mundial, un imperio asiático, y
luego, después de su caída, levantó un imperio mundial
africano en la Cartago de la dinastía de Hasdrúbal y
Haníbal,[2] cuyo poder sometió durante un tiempo al Imperio romano, hasta que el gran Escipión, en las llamadas
guerras púnicas, redujo a este enemigo mortal de Roma a
"tierra arrasada". En estas guerras púnicas Roma se convirtió en la Roma del Imperio Romano. La Roma que an-
teriormente estaba sometida al reino del Asia mediterránea
de los etruscos, poderoso reino marítimo y comercial, in-
corporaba ahora en las guerras púnicas el reino marítimo y
comercial asiático-africano de los fenicios.

La Roma de Júpiter-toro, con una economía basada
originariamente en la ganadería, rapta en las guerras púnicas, internándose en el mar, a la doncella real de los fenicios, de la misma manera que había raptado a las sabinas.
Como por el rapto de las mujeres sabinas se había constituido Roma en un poder de la tierra, se constituye ahora,
por el rapto de otra mujer, la fenicia Europa por parte de
Júpiter, en un poder marítimo.

Aquí tenemos la "Idea de Europa" en el "mito de Eu-

---

[1] [Cf. OVIDIO *Metamorfosis*, II 842-875.]

[2] [El mito del origen de Cartago, según la formulación de Virgi-
lio, atribuye la fundación de la ciudad africana a Dido, reina fenicia.]

ropa": una Europa originariamente asiático-africana (que,
como "doncella Europa" podría denominarse "Madre de
derecho" en el primado asiático-africano de la mujer), se
convierte por un rapto amoroso que es un rapto astuto y
violento, en aquella Roma que, como Padre de derecho,
fue la Roma del primado incondicional del varón y que a
través de todos los siglos fue la dominante "forma de Europa": desde la Roma de los césares hasta la Roma de los
emperadores y los augustos del "Sacro imperio", hasta
llegar a Londres, una "Roma" de espíritu anglosajón marcadamente masculino, y hasta llegar a Moscú, una "Roma"
de "todas las Rusias" marcadamente mecanizada al estilo
norteamericano, bajo la forma masculina propia del espíritu inglés.

La "Idea de Europa" como "mito de Europa" expresa
de qué manera Europa por su nacimiento pertenece a Asia
y África, que tiene como símbolo interior a la mujer en
cuanto seno (y con esto el crecimiento orgánico y el crecimiento cósmico); expresa de qué manera esta Europa
nacida asiática y africana concibe el señorío del varón como cabeza soberana, el señorío masculino que toma, cada
vez, una forma distinta, desde el césar precristiano hasta
las actuales organizaciones imperiales, ya se llamen cártel o
estado totalitario.

(3) Forma aristotélica de Europa: geografía de Euro-
pa y geocultura de Europa

Frente a esta "Idea de Europa" platónica en el "mito
de Europa" clásico, aparecerá luego una "forma de Europa" aristotélica a partir de una "realidad de Europa".

Esta "realidad de Europa" se presenta fundamentalmente en la geografía de Europa. Y esta geografía de Europa como "descripción de la tierra" de Europa da lugar
como última consecuencia a una "geo-metafísica" de Eu-

ropa: como un *metà* –un más allá– de lo "físico" de Europa, es decir como la profundidad esencial de la *physis*, de la naturaleza física de Europa. Esta geo-metafísica de Europa es el "justo medio" determinante entre una geografía empírica –es decir experimental– de Europa, y lo que desde hace decenios se da en llamar "geo-política", es decir una política que no se desgaja de un programa partidario teórico, sino a partir de la *physis*, y por tanto de la *gè*, de la tierra de Europa: de la misma manera que la palabra *polis* delata en la palabra "política" que una auténtica política que piense a Europa debe tratar a Europa como una polis, es decir como "burgo" o como "ciudad-burgo" o "estado-burgo", y que por tanto "política" en su significado auténtico es una "forma de pensar el burgo" –*Burg Gesinnung*– y un "arte de atender el burgo" –*Burg-Kunst*– que no es una forma de pensar partidaria o de atender sólo al partido, sino que es una forma de pensar y un arte que se desprenden únicamente de la esencia de la tierra de aquella "Europa" que es un "burgo" –*Burg Europa*–.

Esta esencia de la tierra de Europa que determina todo el resto, es fruto de su situación geográfica. Europa es una península de Asia, y de hecho su península más grande. Pero a través de Sicilia, a través de Grecia con su multitud de islas y también a través de la inmediata relación de la península Ibérica hispano-lusitana con el Marruecos africano, Europa se halla en estrecha conexión con África.

Este hecho puramente geográfico ha repercutido en una determinada geo-cultura de Europa, en una cultura europea, tal y como corresponde a la tierra de Europa.

La cultura griega clásica hunde sus raíces en Jonia, es decir en Asia Menor: de ella surgieron Homero, Hesíodo, Heráclito, Parménides, que son la matriz de la cultura ateniense, en Platón y Aristóteles.

La cultura romana clásica, de la que proviene toda cultura románica clásica, se basa totalmente en la cultura etrusca, que no sólo proviene del Asia Menor, sino que remite también a la cultura clásica africana de Egipto en su culto esencial a los muertos y las tumbas.

Y sabemos que esta cultura africana de Egipto es el arquetipo de la cultura sacral de todo el mundo, no sólo de la cultura sacral pagana de Grecia y Roma, no sólo de la cultura sacral de las grandes culturas antiguas de Sudamérica (que llegaron incluso a construir pirámides como los egipcios), sino también y justamente del estilo de la liturgia de la antigua y nueva Alianza (en el lenguaje de los salmos, los ornamentos y el ritmo del culto).

La cultura germánica, que por medio de ostrogodos, visigodos, longobardos y vikingos se convirtió en la forma de la cultura post-romana de Italia, España, Inglaterra, Francia y Alemania, y a través de los normandos de Rusia –*Waräder*–, está en relación con la cultura ario-sánscrita asiática de la India.

La cultura eslava está internamente incluida por el hecho de que los eslavos fueron empujados por las invasiones bárbaras desde la Rusia oriental hacia el occidente. Es muy probable que la cultura indígena primitiva de América haya tenido su origen de una migración asiática a través del Ártico (de manera que el estrecho contacto actual[1] entre una América total y un sovietismo total en el Ártico, se debe considerar como un "regreso a los orígenes").

Añadamos por último que los tres grandes teólogos que han plasmado en la práctica el rostro espiritual primordial de Europa han sido, los tres, africanos: Orígenes era de Alejandría, Tertuliano, de Cartago y Agustín, de Hipona, en el norte de África.

Por otra parte, estos lazos euro-asiáticos y euroafricanos de toda nuestra cultura occidental europea, están principalmente fundados en el hecho de que el Israel de la antigua Alianza, de la que surge, como su plenitud, la nueva Alianza de Jesús de Nazareth, es el Israel de Abraham, a quien el Señor llamó desde Caldea en el sur de Asia; y es el

---

[1] [Estamos en 1955, durante la guerra fría, con la subdivisión entre el bloque americano occidental y el bloque soviético.]

Israel de esta tierra Palestina, el clásico pasillo entre Asia y África (en Egipto). Y esto frente al hecho de que las dos grandes religiones que constituyen el único rival real del cristianismo occidental, el budismo y el islam, son asiático-africanas, determinadas totalmente por "la tierra de Asia" y por "la tierra de África".

Y la gnosis clásica, que desde el cristianismo primitivo hasta hoy se contrapone a estas tres religiones como el enemigo más peligroso, el maniqueísmo, —esto es la doctrina de la coincidencia de Dios y el demonio, de bien y mal, de odio y amor, de luz y tinieblas—. Este maniqueísmo fue combatido por san Agustín; envenenó la cultura provenzal francesa; está en la base de la Reforma; acecha constantemente en el fundamento de la modernidad en autores como Baader, Schelling, Hegel, Balzac, Solowjew; y es hoy el más íntimo fundamento de las distintas formas del comunismo y del fascismo. Este inquietante y seductor maniqueísmo no sólo procede del persa Mani, sino que surge en él desde las profundidades de la cultura persa del Avesta.

Sólo la China clásica, en el antiquísimo libro del *I Ching*, en los antiquísimos himnos cósmicos y místicos de Lao-Tse y en la antiquísima ética de Kung-Tse (Confucio), no se incorpora a esta serie de lazos entrecruzados euro-asiáticos y euro-africanos. Se contrapone, en cambio, inmediatamente, como cultura primordial de la humanidad, a la única revelación de Dios en la antigua y nueva Alianza como lo pudieron experimentar y practicar los grandes jesuitas Ricci y Schall en la corte del "Hijo del Cielo", donde vivían como mandarines, ellos que provenían de aquel siglo diecisiete en el que la cultura europea se convertía, en manos del Iluminismo y del Racionalismo, en un árido desierto.

(4) Los nombres "Europa" y "Asia"

A estas profundas relaciones pertenece por último lo
que se puede ver en la etimología de los nombres Europa
y Asia. Europa y Asia no expresan, según el sentido de sus
nombres, la acostumbrada contraposición entre oriente
(del sol naciente) y occidente (del sol poniente), es decir el
este y el oeste. Por el contrario, según las investigaciones
filológicas del gran etimólogo Gottfried Muys, que aún
hoy constituyen una tierra inexplorada por los investigadores, la palabra Europa, como palabra griega, se remonta a
la raíz sánscrita *dvar*, que expresa una oscuridad melancóli-
ca.

Europa como *Europè* es por tanto, según Muys, la "diosa invernal de la tierra".[1]

Las últimas investigaciones sobre Creta han demostra-
do que esta isla ubicada entre Europa, Asia y África, no
sólo es la Europa primigenia –*Ur-Europa*– de la cultura
europea propiamente dicha, sino también el lugar en el
que surgió históricamente el nombre Europa, como nombre de la diosa invernal de la tierra, tal como Muys ha interpretado el nombre.

La palabra Asia, en cambio, también como palabra
griega, proviene de la raíz sánscrita *dhvaksch*, que expresa el
"calor ardiente", es decir el pleno verano,[2] y al mismo
tiempo "lugar de fuego" (según la palabra griega *eschara*).

Por tanto, Asia (junto con África en cuanto continente
del "calor ardiente") es el ardor fructífero del pleno verano
de la cultura humana, mientras que Europa es el silencio
invernal, en el que los frutos del "ardor del pleno verano"
asiático-africano invernan ordenadamente en graneros
bien construidos.

Frutos del ardor del pleno verano asiático-africano son
los frutos del *I Ching*, Lao-Tse, Kung-Tse, del Bahgavadita,

---

[1] MUYS (1856: I 58).

[2] MUYS (1856: I 15).

de Heráclito, de Orígenes, de san Agustín, que "invernan" en los graneros europeos, es decir en los sistemas de la alta escolástica y de los filósofos modernos hasta el día de hoy.

Por tanto, Europa sólo puede dar fruto como Eurasia y Euráfrica. Por sí sola, Europa es un granero apto para guardar los frutos.

EUROPA POLÍTICA

(1) Política y político: burgo, imperio, estado, federación

"Política" –*Politik*– y "político" –*politisch*– vienen de *polis*. Es una palabra griega y en su significación originaria indica: "burgo", "ciudad" –*Burg*– y lo que pertenece al burgo. De esta manera también la palabra "burgués" –*Bürger*– significa originariamente el hombre del burgo, aquél que sirve a la ciudad o burgo al que pertenece.

La palabra "política" tomada objetivamente, significa entonces: función pública para la protección del burgo, esto es política exterior, y para el orden del burgo, es decir política interior.

Y "política", tomada subjetivamente, expresa una cierta actitud –*Gesinnung*– teórica y práctica, que es una respuesta incondicional al burgo; una respuesta teórica y práctica, esto es servicio a la ciudad y por la ciudad. Tan importante es para la antigüedad griega y romana este servicio como servicio total, que en la raíz de la palabra "privado" y "hombre privado" está la palabra latina *privare*, que significa "privar" y "privarse", esto es privar al servicio del burgo –a causa de los intereses personales– de su propia participación, y con esto, privarse a sí mismo de la participación en la vida de la ciudad.

A partir de este sentido originario de la palabra "política", resulta que los llamados "partidos" son un contrasentido, pues la palabra "partido" proviene de la palabra latina *pars* que significa "parte" y "porción".

Partido es, por tanto, algo que ya en la palabra misma niega la idea de totalidad e indivisibilidad del burgo, afirmando, en cambio, los intereses de una "parte".

Partido en cuanto "parte" consciente, es un privado que ocupa el lugar de la totalidad colectiva. En las llamadas campañas electorales, la competencia de partidos/partes ocupa totalmente, con sus propios intereses, el lugar de la única totalidad que es el burgo compartido.

Totalización de la industria, totalización de las finanzas, totalización de la propiedad privada, totalización del arrendamiento, estos son los partidos más comunes, por los cuales el colectivo defiende un interés privado y busca sepultar el interés colectivo contrario.

En un burgo auténtico sólo existe una doble posibilidad. O bien se da la lucha de los distintos "estamentos": agropecuario, artesano, industrial, letrado, sacerdotal, etc. en la búsqueda por establecer un orden de la ciudad – *Ordnung der Burg*– en el que todos los estamentos auténticos puedan complementarse.

O puede darse también la lucha de distintos grupos que defienden una constitución –*Verfassung*– distinta para todo el burgo: monarquía, oligarquía, democracia que tienen como autoridad última un rey, un senado o al pueblo respectivamente.

Cuando Platón y Aristóteles, los maestros del occidente, estigmatizan a la democracia del número llamándola "almacén" y sólo reconocen una conjugación entre monarquía y democracia como la auténtica forma del Estado, aparece aquella sabiduría que ha sido renovada en nuestros días por el gran constitucionalista Carl Schmitt,[1] y que pareciera concretizarse en la "democracia presidencial" norteamericana. El juego de los números, que tanto aman los

---

[1] [SCHMITT (1958: 84 y 362ss.).]

falsos partidos, nunca puede ser el fundamento de un Estado, sino sólo una auténtica autoridad personal. Es la sabiduría primigenia –*Ur-Weisheit*– de Homero cuando afirma: "No es bueno que haya muchos señores. Que uno solo sea señor."[1]

A este concepto originario de "burgo-ciudad" corresponden luego, en el concepto de "política", estos otros términos: reino –*Reich*–, estado –*Staat*– y federación –*Bund*–.

La palabra "Reino" –*Reich*– viene de la palabra latina *regnum*, y *regnum* deriva de *rex*, es decir "rey". "Reino" expresa lo mismo que vimos en *polis* y "política": la autoridad personal de uno solo.

La palabra "Estado" –*Staat*–, como surgió por primera vez en Braunschwieg en 1414,[2] está relacionada con la palabra latina *status*. Expresa con esto una situación fija, estable, en contraposición a una situación de gobierno cambiante en que, a turno, un partido cada vez distinto dicta las leyes.

El concepto de "federación" –*Bund*– nos remite a la palabra hebrea *berith*, que en griego se tradujo como *diatèke* y en latín como *foedus* o *testamentum*. La palabra hebrea *berith* expresa esencial y exclusivamente la alianza de todo el pueblo con Dios mismo, que en su Alianza no sólo es el rey, sino el novio del pueblo, y el pueblo es, por su parte, la novia. En la palabra griega *diatèke* y en la palabra latina *testamentum* se profundiza esta alianza divino-humana –según san Pablo– en una "alianza en la muerte", como un testamento que sólo es válido después de la muerte del testador.[3]

---

[1] [HOMERO *Ilíada*, II 204.]

[2] [Cf. PISCHKE (2002: 156).]

[3] Hbr 9,16-17: "Porque para que un testamento tenga efecto, es necesario que se produzca la muerte de quien lo hizo, ya que el testamento sólo entra en vigor en caso de muerte, pero permanece inválido mientras vive quien lo hizo."

Una alianza –*Bund*–, en el sentido originario de *berith*, se hace según la antigua Alianza, con la sangre de animales; según la nueva Alianza, en la sangre de Jesucristo en la cruz. Por tanto, "alianza" en el sentido antiguo auténtico nunca puede ser una asociación con un fin determinado, en la que los intereses económicos o financieros dentro de una estructura estatal autónoma convierten la "alianza" en el equilibrio de intereses –*den Bund eines Zweck-Ausgleichs*–. "Alianza" significa, en cambio, según la historia de este concepto, lo más profundo del burgo, del reino, del estado: en ella la autoridad personal no sólo es representación de la Divina Majestad, sino que la autoridad personal y el pueblo se hallan en una relación esponsal, y esto "en la sangre y muerte", morir el uno por el otro para darse de esta manera verdaderamente la vida.

Por esto el misterio de Cristo es ser "Rey de reyes y Señor de señores" pero sólo en la "muerte y resurrección", y este es el misterio originario que conforma toda estatalidad –*Staatlichkeit*– del occidente histórico: en virtud de este misterio, el rey debe dar su vida por el pueblo y el pueblo debe darla por el rey, para que sean uno en la "resurrección en la muerte" recíproca.

Esta "resurrección en la muerte" es el fundamento de la auténtica estatalidad total (así como León XIII en su encíclica *Immortale Dei* sobre el Estado señala una auténtica "totalidad en su ámbito"[1]). Totalidad del único burgo y del único servicio del burgo y del único modo de pensar el burgo (expresados en las palabras *polis*, "política" y "político"), tiene su último fundamento jurídico en esta "alianza en la muerte y resurrección".

En la realidad histórica sólo se dio una gran política cada vez que un pueblo defendió su propio "burgo" con su sangre y su muerte y cada vez que los políticos defendieron su propio "burgo" con su sangre y su muerte.

Como Cristo, "Rey de reyes y Señor de señores" se

---

[1] [Cf. LEÓN XIII: *Immortale Dei*, 2.]

llama a sí mismo simplemente "servidor", que "no vino a ser servido, sino a servir",[1] de la misma manera, sólo se encuentra una auténtica política en el "servir" junto con este único "servidor" y en él, es decir como "co-servidor" representante: como que la palabra "ministro" también significa "servidor" y a la manera como Federico el Grande, María Teresa y Francisco José II se ocupaban incluso de sus asuntos personales.

(2) Europa política: burgo Roma y burgo Viena

Por tanto, una "Europa política" es, según este sentido de la palabra "política", una Europa que tiene y es un único burgo, en el que los "europeos" como "miembros de este único burgo" –*Burgmannen*– realicen, en esa "actitud propia del burgo", –*Burggesinnung*– el pleno "servicio del burgo" –*Burg-Dienst*–. La persepectiva contraria es la de impulsar un conjunto de intereses personales, tratando de lograr, en la medida de lo posible, un equilibrio de intereses dentro de una asociación con una finalidad determinada –*Zweckverband*–.

Para la creación de una nueva "Europa política" existe, entonces, una sola alternativa:

O bien las naciones que se separaron del único "burgo" de occidente para defender sus propios intereses reconstruyen ese único burgo de occidente mediante una auténtica "con-versión" y abandonan estos intereses en favor del servicio del único burgo –*Burg-Dienst*– y asumen el modo de pensar propio de ese burgo único –*Burggesinnung*–.

O bien, como "hombres de negocios", negocian un "equilibrio de intereses" –*Ausgleich der Interessen*– de manera que este equilibrio del mercado con sus interminables re-

---

[1] Mt 20,28.

gateos, se convierte en el único "burgo del occidente". Esto significa comprender el burgo como un "mercado" en el que astutos hombres de negocios buscan únicamente sacar ventaja, de manera que la preocupación por la ganancia se convierte en el único contenido de la política como único "servicio del burgo" –Burg-Dienst– y como única "forma de pensar el burgo" –Burggesinnung–, en el que se da un encuentro de "intereses del mercado" según la lógica del *homo homini lupus*,[1] hombre lobo para el hombre.

Un auténtico "burgo de occidente" fue antiguamente Roma, la "ciudad eterna". Pues tanto el Imperio romano pagano, como el Imperio romano cristiano (hasta que los sucesores del emperador Constantino se trasladaron a Constantinopla, la que luego se llamó Bizancio), fue un imperio europeo en el sentido de la geografía de Europa que determina a Europa como Eurasia y Euráfrica.

El verdadero nombre de Europa era por tanto: occidente –*Abendland*–; pero no un occidente que se separa de un oriente –*Morgenland*– que le es esencialmente extraño, sino como el lugar de la tensión fructífera entre occidente y oriente.

Por esto Roma siguió siendo el "burgo de occidente" también para el Sacro imperio, "Sacro imperio romano", tal como fue fundado por Carlomagno y desapareció finalmente con Napoleón. Este "Sacro imperio" nunca fue, como pretende una persistente falsificación histórica, un "Sacro imperio romano de la nación alemana".

Más bien, sus emperadores recibían el título de "Emperador Romano" y esto con derecho sobre todo el occidente, mientras que el nombre de "nación" se refería a las cuatro *nationes* del *Evangeliario de Bamberg*: las naciones romana, gala, germana y eslava.

La problemática interna del "Sacro imperio" consistía más bien en que los emperadores de Bizancio se conside-

---

[1] [HOBBES *El ciudadano*, dedicatoria, p. 2.]

raban a sí mismos como los sucesores del emperador de Roma. Bizancio se consideraba la "segunda Roma", como luego Moscú se consideraría la "tercera Roma".

El núcleo del problema para el Sacro imperio con Roma como su "burgo" verdadero y propio fue siempre la unificación con el imperio bizantino, como fue la aspiración de los Otones por medio del casamiento de Otón III con la princesa bizantina Teofane y como lo intentaron posteriormente los Habsburgo por medio del casamiento entre un Habsburgo y una hija del zar.

Pero en la raíz de toda lucha entre la Roma del "Sacro imperio", por un lado, y Bizancio como "segunda" Roma y Moscú como "tercera" Roma, por el otro, estaba la idea fundamental: el "Imperio" no está constituido por una sola nación, ni por la Europa geográfica, sino que "Imperio" sólo es occidente y oriente juntos.

De esta manera el sueño más íntimo de Wallenstein[1] y del capuchino Père Joseph[2] (el maestro de Richelieu), fue conquistar Bizancio como la "nueva Roma" de un imperio unificador de oriente y occidente, cuyos señores, según Wallenstein, debían ser los Habsburgo, y según Père Joseph, en cambio, los reyes de Francia, como mostró el gran historiador suizo Carl Buckhardt.[3]

Este fue también el sueño más secreto de Napoleón I: no sólo renovar el imperio de Carlomagno, sino hacerlo en conexión con el imperio que se consideraba sucesor de los emperadores de Bizancio, es decir con Rusia.

Este "burgo Roma" que por siglos fue el único "burgo de occidente", en el sentido de una unidad con oriente, pareciera que hoy sólo existe como (burgo) religioso cris-

---

[1] [Albrecht Wenzel Eusebius von Wallenstein (1583-1634), militar a cargo de un ejército habsburgo durante la guerra de los treinta años.]

[2] [François Leclerc du Tremblay.]

[3] [Carl Jacob Burckhardt (1891-1974), diplomático e historiador suizo, autor de una monumental biografía de Richelieu.]

tiano, como la Roma de los "padres comunes de la cristiandad", como la Roma de san Pedro, cuyo territorio secular es el Estado del Vaticano.

Londres es, según su propia tradición, "emporio" del
comercio mundial, así como en el medioevo fue el centro
del Hansa.

París lleva desde la Edad Media el carisma del *magiste-
rium*, el magisterio cultural, como lo define la antigua fórmula.

Y el Escorial en España fue, sin lugar a dudas, bajo Fe-
lipe II un verdadero "burgo mundial" –*Welt-Burg*–, cuando
toda América fue conquistada para el reino español, no
como "colonia" (como pretende arbitrariamente la histo-
riografía más corriente), sino con los mismos derechos que
los otros reinos de España: Aragón, Castilla, etc.

Pero esta auténtica "mundialidad" se resquebrajó
cuando España, por medio de la expulsión de moros y
judíos, se estrechó en una "España nacional" que luego
perdió América, aunque Sudamérica, sin embargo, siempre
se consideró hija de España.

Berlín es, en su auténtica tradición, burgo de la orden
de los cruzados (como lo ha mostrado convincentemente
el gran historiador Reinhold Schneider[1]). Es por tanto
"burgo de frontera" entre el territorio del antiguo "Sacro
imperio" y el reino de la "tercera Roma", es decir Moscú
en cuanto burgo originario y total del mundo eslavo –*Ur-
und All-Burg des Slaventums*–.

Sólo queda en la lógica de la historia, Viena, como último "burgo" verdadero de una Europa que quiere ser el
medio unificador –*die bindende Mitte*– entre occidente y
oriente. Viena es, como Berlín, "burgo de frontera" a raíz
de su misma fundación en antigua tierra eslava. Por eso no
es absurdo el último "concepto de los Habsburgo", según
el proyecto de Francisco Fernando, asesinado en Sarajevo,
quien planeaba un imperio eslavo con Viena como capital,

---

[1] [SCHNEIDER *Hohenzollern*, p. 15.]

en el que el elemento alemán debía ser el instrumento privilegiado de un imperio oriental. Pero más fuerte que todos los planes es la gran tradición de Viena como la última ciudad imperial –*Kaiserstadt*– y último burgo imperial – *Kaiserburg*– del "Sacro imperio": en los monumentos del Hofburg, St. Stefan, Belvedere y Schönbrunn.

Fue realmente un símbolo que, en el ámbito de estos monumentos, Rusia, Estados Unidos e Inglaterra, en el marco de la firma de la constitución del estado austríaco, se dieran la mano en una celebración que podría llamarse "celebración del Imperio".

Por tanto, no fue sólo un sueño cuando un antiguo diplomático austríaco propuso hacer de Viena la capital de una Europa unida y de esta manera hacer de Austria como un "territorio" de esta capital, a la manera como el Estado Vaticano es "territorio" de la Roma de San Pedro.

Sería más bien una verdadera resurrección de la antigua tradición de Viena, cuando los Habsburgo en su política imperial nunca consideraron una única nación, ni tampoco un "puro occidente", sino la *unitas multiplex*, la unidad con el colorido de todas las naciones del occidente y oriente –*von Abendland und Morgenland*–. Viena como nuevo "burgo de occidente", y de esta manera como "burgo de Europa" sería el "burgo político", de la misma manera como la Roma de San Pedro es el "burgo religioso cristiano", para una Europa que se considera como occidente (y no sólo como "oeste") y por tanto en cuanto occidente no enfrentado a un "este", sino un occidente al que pertenece orgánicamente un oriente, como dice el relato bíblico de la creación: "fue de día y de noche, un solo día"[1] –*und es ward Morgen und Abend der Tag*–.

---

[1] [Cf. Gn 1,5. Przywara juega con los términos oriente (en alemán *Morgenland*, es decir tierra de la mañana) y occidente (en alemán *Abendland*, es decir tierra de la tarde).]

EUROPA DEL ESPÍRITU

(1) Espíritu: espíritu racional, espíritu germánico, latino, griego, hebreo

Desde Kant, Hegel y Leibniz, con el término "espíritu", "espiritualidad" y "espiritual" los occidentales entendemos un mundo de conceptos puros, o de ideas puras, de un orden puro o de un dinamismo puro; un mundo que es captado con el entendimiento y que constituye la última realidad secreta del cosmos.

Espíritu es para nosotros lo abstracto, es decir lo que es abstraído por nuestro entendimiento (pues eso significa *abs-tractus* en latín), abstraído de la realidad concreta de nuestro entorno y en nosotros, abstraído de nuestra experiencia concreta (que es denominada por medio de la palabra griega *empeiría*), y abstraído exactamente por medio de experimentos y de la matemática, que son los instrumentos de la ciencia.

Una "Europa espiritual" sería entonces, según esta acepción de la palabra "espíritu": una comunidad en esta "cientificidad"; una comunidad "de tipo científico" que sea unificadora de la totalidad, como sucede en el comunismo soviético, perspectiva ésta que se contrapone a la antigua "fraternidad" ortodoxa eslava.

Pero esta concepción de "espíritu" nos pone en contraste con el significado originario de la palabra "espíritu".

En alemán la palabra "espíritu" –*Geist*– está relacionada con la palabra anglosajona *geistjan* que significa "causar miedo". La raíz *gheis* de la palabra significa "perder la serenidad" hasta estar aterrado y estremecerse.

En la palabra latina *spiritus* se expresa originariamente el viento que sopla. Y la palabra griega correspondiente, *pneûma* acentúa la "respiración jadeante" del viento tormentoso.

En hebreo, finalmente, la palabra usada para designar el espíritu es *ruah*, que está relacionada esencialmente con *raha* y *rehem*, que indican el seno materno y la incubación.

El Espíritu de Dios que según el relato de la creación "aleteaba sobre" e "incubaba" "el desierto y el vacío de la tierra",[1] lleva así el símbolo del ave que revolotea sobre sus polluelos y los incuba (como este "Espíritu de Dios" flota sobre el caos y al mismo tiempo lo "incuba" y como en el bautismo de Jesús en el Jordán vuela sobre él en forma de "paloma", y así "incuba" el Reino mesiánico[2]). Este "Espíritu de Dios" aparece en toda la sagrada Escritura como tormenta, terremoto y fuego, pero también como principio de la unidad del amor, en el que Dios es fecundo en sí mismo, en el mundo y en la humanidad (a través del "Espíritu santo que desciende"[3] sobre María y los apóstoles).

Se puede ver así que "espíritu", como lo entendemos hoy los occidentales, contrasta irreconciliablemente con el sentido originario de la palabra "espíritu " en las lenguas más significativas.

Lo que nosotros llamamos "espíritu" (apoyándonos en el ídolo de nuestra "cientificidad pura") aparece como una

---

[1] [Cf. Gn 1,2: "La tierra era una soledad caótica y las tinieblas cubrían el abismo, mientras el espíritu de Dios aleteaba sobre las aguas."]

[2] [Cf. Mt 3,16: "Apenas fue bautizado, Jesús salió del agua y, en ese momento se abrieron los cielos y vio al Espíritu de Dios que bajaba como una paloma y descendía sobre él."]

[3] [Cf. Hch 2,1-4.]

domesticación racional de la fuerza, la movilidad y la fecundidad originarias del "espíritu" y comunes a las antiguas lenguas germana, latina, griega y hebrea. Es como si se intentara domesticar un animal para su uso doméstico.

"Espíritu" se ha convertido, para nosotros occidentales, en el dominio sobre la vida y sobre el cosmos, que de por sí son irracionales, por medio de la *ratio*, es decir de la razón pura del hombre, hasta que, al final, lo infinito de la vida y del cosmos aparece ante los ojos de las ciencias de la naturaleza y de la técnica como una imagen numérica, de manera que pueda ser "dominada matemáticamente" por el científico o el técnico que realiza los cálculos. Hasta llegar al punto de que, en la actual física y técnica atómicas, este cosmos totalmente matematizado "desde su origen", queda aprisionado en fórmulas matemáticas, y precisamente desde estos mismos orígenes se lo puede llegar a aniquilar.

Se trata de una revolución mundial basada en fórmulas matemáticas fríamente calculadas y en comandos técnicos ejecutados fríamente, tales como "presione-el-botón". Y así "espíritu" es para nuestra occidentalidad actual (ya se piense en Norteamérica o en Rusia) esta "fría ponderación" de una pura "técnica científica", con la que el matemático a través de sus fórmulas matemáticas hace posible que el técnico, al final, pueda "apretar el botón".

En cambio, en la gran tradición germánica antigua, como también en la tradición romana, griega y hebrea, "espíritu" es precisamente lo contrario. En hebreo antiguo es fundamentalmente el Espíritu de Dios, del que el Antiguo Testamento siempre repite: "Dios que da la muerte y la vida, hunde en el abismo y saca de él".[1] El Espíritu de Dios es la libertad de la soberanía de Dios que abaja lo alto y empobrece lo que es rico, como canta Ana,[2] la madre de Samuel, y le hace eco, imitando su canto, María, la madre

---

[1] [1Sam 2,6.]

[2] [1Sam 2,7.]

de Jesús.[1]

Espíritu es en griego el espíritu cósmico entendido como "respiro anhelante", es decir el espíritu fecundo de los "dolores de parto con que gime toda la creación",[2] gemidos que brotan de su corruptibilidad y anhelan la "libertad de la gloria de los hijos de Dios"[3] a la manera como el capítulo octavo de la carta a los Romanos interpreta "espíritu" como *pneùma*.

Espíritu es en latín el "soplo del viento" en el que todo lo estático y estable se convierte, siempre de nuevo, en movimiento dinámico.

A estos significados de la palabra "espíritu" propios del antiguo hebreo, del griego y del latín, corresponde, por último, en la antigua cultura germánica, "espíritu" entendido como "lo que aterroriza", es decir, fundamentalmente lo mismo que significaba en el antiguo hebreo: un poder incomprensible que asalta de repente, para descolocar a lo que se ha asentado en sí mismo, sacándolo de su "asiento estable y apacible".[4]

(2) Espíritu europeo: entre capitalismo calvinista y marxismo ruso-judío

Con esto debería quedar claro de qué manera el "Espíritu europeo" que domina desde Descartes, Kant y Hegel es una rebelión contra este "espíritu" de la humanidad clásica.

No se trata, sin embargo, de una rebelión directa y vi-

---

[1] [Lc 1,52-53.]

[2] [Rm 8,22.]

[3] [Rm 8,21.]

[4] [Przywara juega con la raíz *setzen*: terror (*Ent-setzen*), descolocar (*ent-setzen*), asentado en sí mismo (*in sich ge-setzt*).]

tal, sino de una rebelión como "método racional" (como dice Descartes,[1] que pretende domesticar al "espíritu" que clásicamente se entendía, ya lo dijimos, como "soplo irracional", para introducirlo en la "casa" de una humanidad racional e racionalizadora, de manera que se convierta en el "combustible" racional y racionalista de su técnica.

Desde Galileo y Descartes el "Sacro Imperio" –que estaba muriendo– cedió lugar al universo organizado de una humanidad técnica racional que se convirtió así en "imperio de la humanidad" o en "imperio de los espíritus" o simplemente en "imperio espiritual".

En esta "secularización del Sacro imperio" –y por medio de ella– como "imperio espiritual de técnica racional" surgió una "Europa espiritual" o un "occidente espiritual" que existe en cuanto médula y corazón de una "humanidad espiritual" y un "universo espiritual".

Y es evidente que todas estas entidades: una "Europa espiritual", un "occidente espiritual", una "humanidad espiritual" y un "cosmos espiritual" se convirtieron –por la física moderna– en un "campo matemático" en el que toda concreción viviente es reducida al puro juego de los números.

Estos números son –en el objetivo y en el sentido último de esta matemática– sólo el aspecto teórico destinado a convertirse en la praxis de la técnica, que a su vez –en un tablero y por medio de un botón– decide sobre el progreso o la aniquilación de la humanidad entera y del cosmos. De la misma manera como el espíritu del Dios viviente y soberano –según la humanidad clásica– "da la vida y la muerte".[2]

Pero justamente este desarrollo hacia un "espíritu europeo" como Europa de la técnica racional, llevaba en sí mismo y desde el principio, a su peor enemigo.

Antes de que la "Europa espiritual" de la técnica racio-

---

[1] [DESCARTES *Discurso*, II, p. 36.]

[2] [1Sam 2,6.]

nal tuviera su inicio con Galileo y Descartes, Calvino había erigido en Ginebra contra el "Sacro imperio" su *cité de Dieu* –Ciudad de Dios–. Se trataba del Estado de un Dios que da a sus "elegidos y predestinados" el usufructo de la tierra, según la ley y el orden.

La idea nacida en Ginebra de una "tierra racional y divina" se expandió a través del puritanismo y conquistó Inglaterra y Norteamérica, que todavía hoy están formadas interiormente por esta idea. De aquí surgió la idea de una "tierra anglosajona racional y divina" que, según la ley y el orden, sustentó y sustenta el usufructo de un "capitalismo" apoyado en el calvinismo.

Este capitalismo, que hoy recibe profanamente el nombre de "prosperidad" –*prosperity*–, avanza hacia progresos siempre mayores, pero que siempre –y aún hoy– se basa en el dinamismo de un "espíritu divino" que "impulsa" a sus "elegidos y predestinados", según el pasaje de la carta a los Romanos que de hecho el capitalismo anglosajón ha convertido veladamente en su lema: "los que son impulsados por el Espíritu de Dios, esos son hijos de Dios".[1]

Pero unos siglos después, Hegel representa aparentemente el punto más elevado del sueño de un "Reino del espíritu" de la "razón creadora", cuando equipara el "espíritu racional" del hombre con el espíritu de Dios). Y precisamente del titanismo de la razón propio de Hegel surge el adversario más terrible de la Europa y del occidente racionales y técnicos: el marxismo y bolchevismo de la "rebelión que crea destruyendo", como lo formula, sin miramientos, Bakunin,[2] el espíritu auténticamente religioso entre todos ellos.

La "dialéctica", es decir el juego entre contrarios que se asumen negativa y positivamente, que para Hegel era el método más refinado de la "racionalidad pura", en sus

---

[1] Rm 8,14.

[2] [Cf. BAKUNIN *Die Prinzipien der Revolution*, p. 100.]

discípulos Feuerbach, Marx y Bakunin, los tres fundadores del marxismo y del bolchevismo, se convirtió en "método revolucionario".

El marxismo originario no buscaba la liberación de los trabajadores para una existencia humana digna de un auténtico "proletariado", así como la revolución francesa había buscado la liberación para el estamento burgués (pero que en realidad convirtió a este estamento burgués en protagonista del "racionalismo técnico" universal europeo bajo el secreto impulso de la *prosperity* calvinista).

En sus orígenes, el Marxismo significaba mucho más: a ese calvinismo de la *prosperity* –que Marx y Engels habían experimentado personalmente como un infierno en el brutal capitalismo de la Manchester de entonces–, a ese capitalismo había que hacerlo llegar a su punto más alto, de manera que el mismo capitalismo se convirtiera en su contrario, es decir en el Estado de los trabajadores, hasta que finalmente este Estado de los trabajadores se convirtiera en un capitalismo del Estado de los trabajadores –*Arbeiter-Staats-Kapitalismus*–.

El triple paso filosófico de Hegel (ternario): tesis (afirmación primigenia), antítesis (contra-afirmación) y síntesis (afirmación en la unidad)[1] aparece transformado en sentido marxista: la tesis es el capitalismo calvinista, la antítesis es el Estado revolucionario de los trabajadores, la síntesis es el capitalismo de Estado de los trabajadores –*Arbeiter-Staats-Kapitalismus*–, al que Stalin definió como la "dictadura técnica americana del proletariado".[2]

La fuerza motriz objetiva en esta dialéctica, en este pensamiento de contrastes, es la materia, pero una materia concebida como mercancía. Su fuerza motriz subjetiva es un "espíritu objetivo" inmanente a esta "materia como

---

[1] [Przywara utiliza las expresiones *Ur-setzung - Gegensetzung - in-Eins-Setzung* que más precisamente podrían traducirse por "posición originaria" - "contraposición" - "posición en el uno".]

[2] [Cf. STALIN *Discrepancias*, p. 98-100.]

mercancía"–*Materie als Ware*–, esto es la dialéctica ideal de la "materia como mercancía" misma.

Es entonces, por una parte, "materialismo de la mercancía en la economía". Pero, por otra parte, es también "materialismo dialéctico" entendido como la fuerza que impulsa la dialéctica ideal del espíritu, fuerza que brota de la conversión económica de la materia en mercancía.

Pero la dimensión profunda más determinante de este "materialismo dialéctico" aparece simbolizada, en su primera aparición, en la lucha apasionada entre el judío occidental Karl Marx y el gnóstico ruso Bakunin, para volver a aparecer, en su momento culminante, como símbolo en la lucha más apasionada aún entre el judío occidental Trotzki y Stalin, el ruso georgiano ex pupilo de los *popes* ortodoxos.

De esta manera el "materialismo dialéctico" surge como "nuevo espíritu" –*neuer Geist*– revolucionario, y –por más que desde el principio pretenda ser ateo o antiteísta– brota esencialmente del antiguo profetismo revolucionario judío, que es el fuego más íntimo de Karl Marx (hecho que hasta hoy nadie ha querido ver). Pero también surge del apocalíptico gnosticismo revolucionario ruso, cuyo profeta más fogoso es Bakunin. Aunque Marx pretenda aparecer como un ateo, no deja de ser el profundo judío de la auténtica antigua Alianza. Aunque Bakunin pretenda pensar de manera antiteísta, no deja de ser el cristiano ortodoxo griego de la nueva Alianza que espera y anticipa el Reino del regreso de Cristo.

Y así aparece en el "nuevo templo" del bolchevismo marxista la confrontación de dos templos: el nuevo templo de Israel en Karl Marx contra el nuevo templo de la gloria de Cristo en Bakunin.

Mientras que en Marx el templo de Israel que Malaquías[1] y el mismo Señor[2] estigmatizaron como "casa de negocios", se convierte abiertamente en casa de negocios

---

[1] [Cf. Mal 3,1-4.]

[2] [Cf. Mt 21,13; Jn 2,13-22.]

de la "mercancía de la economía", en Bakunin, por el contrario, se inflama y se convierte en un templo del profetismo de la "destrucción creadora", templo de la "muerte y resurrección".

De esta manera en el "nuevo espíritu" del "materialismo dialéctico" está garantizada en Marx la sobriedad terrena de una "conversión en mercancía", mientras que en Bakunin queda garantizada la íntima mística del "fuego". Por este motivo el bolchevismo ruso, por motivos propagandísticos, muestra hacia afuera su "rostro marxista", pero mantiene oculto su rostro interno, que es el "espíritu de Bakunin", hasta el punto de que el nombre de Bakunin ha desaparecido, tanto en el este como en el oeste.

Hoy, sin embargo, lo más inquietante para una "Europa del espíritu" es la interacción que mantiene unidos a los dos contrincantes implacables en la Europa del "reino del espíritu" racional y técnico.

Por un lado, el capitalismo calvinista occidental es la "tesis" (afirmación primordial –*Ur-Setzung*–) que tiene como antítesis (afirmación contraria –*Gegensetzung*–) al bolchevismo ruso judío. La síntesis (afirmación en la unidad –*in-Eins-setzung*–) resultante es el "capitalismo del Estado de los trabajadores" según la fórmula de una "dictadura americanizada del proletariado".

Pero por otra parte el actual capitalismo americano busca ansiosamente un "mito" para su "técnica" (como lo formula Mac Iver, el líder en ciencias políticas de América), y busca también, aunque inconscientemente, lo que constituye la característica del bolchevismo judío ruso desde su origen: un mito profético.

La mutua atracción y seducción consiste en esto: Una América "técnica" se ve atraída y seducida por una Rusia que, desde la "Madre Tierra", ambiciona una "técnica hegemónica"; mientras que una Rusia "mítica y proféticamente mágica" se ve atraída y seducida por una América que ambiciona salir del mecanicismo calculador de la técnica buscando un mito fundante.

En medio de estos nudos y tensiones se da la actual
Europa racional técnica de un "reino del espíritu", conver-
tida en un reino de los "intelectuales", a los que envía como investigadores líderes tanto a América como a Rusia.

Encerrado entre un capitalismo de mercado calvinista
anglosajón y un capitalismo de Estado de los trabajadores
judío y greco-ortodoxo, el "reino del espíritu" auténticamente europeo y occidental, resto secularizado, racionalizado y tecnificado del antiguo "Sacro imperio", se convirtió en una "Europa espiritual" –*geistiges Europa*– justamente
como lugar de formación pura para los dos imperios del
"nuevo espíritu" –*des Neuen Geist*–.

Pero con el hecho de que lo que subyace a todo este
anudamiento y a esta interacción, como el elemento más
profundo, es el elemento religioso, el judaísmo de la antigua Alianza y la ortodoxia y el calvinismo de la nueva
Alianza, resulta que la pregunta sobre la "Europa espiritual" –*geistiges Europa*– desemboca en la pregunta final sobre la "Europa cristiana" –*christliches Europa*–.

EUROPA CRISTIANA

(1) Lo cristiano: cosmos en el intercambio

"Cristiano" es la palabra que indica la propiedad de Cristo. Significa por tanto no sólo "que viene de Cristo" o "que pertenece a Cristo" o "que se refiere a Cristo", sino que significa exactamente lo que Agustín dice de los cristianos: "Ustedes no sólo son *de* Cristo, sino que ustedes mismos son *Cristo*."[1]

Como todo miembro del cuerpo natural es aquí y ahora la totalidad del cuerpo y por tanto representa todo este cuerpo, es decir lo hace presente cada vez, así el cristiano es miembro de aquel que es "cabeza y cuerpo, un solo Cristo" y que debe hacer presente cada vez al único Cristo, es decir debe ser total representación de Cristo.

El ser cristiano no es entonces simplemente algo ético o moral en el sentido de un seguimiento o una imitación de la imagen virtuosa de Cristo, sino que es fundamentalmente algo existencial —*etwas Seinhaftes*–: ser Cristo mismo como un miembro ontológico suyo, como el ojo es el cuerpo que mira, el oído es el cuerpo que oye, etc.

La palabra *Christus* es una palabra griega latinizada que corresponde a la palabra "Mesías" del antiguo hebreo y que significa "Ungido", y que se convirtió en el nombre de

---

[1] AGUSTÍN *Méritos y perdón* I 31,60.

Jesús de Nazareth. Y así él se llama simplemente el "Ungido", porque la antigua unción del rey de Israel, la unción
de los sacerdotes y la unción de los profetas se convirtieron en Él en una única unción, Él que es "Rey de reyes"[1] y
"Sumo sacerdote de la tienda de la alianza de Dios mismo"[2] y "profeta filial".[3]

Es una unción que no sólo tiene lugar a través del Espíritu santo, sino que es unción como el Espíritu santo
mismo.[4]

Y de esta unción de Cristo en el Espíritu santo que hace de Él el único rey ungido, sumo sacerdote y profeta,
articipamos nosotros como "sacerdocio real para anunciar
las virtudes de aquel que (nos) ... llamó a su admirable
luz",[5] "ustedes tienen la unción del Santo"[6] y "la unción

---

[1] Cf. Apc 19,16: "Y sobre su manto y su muslo lleva escrito este
nombre: Rey de reyes y Señor de señores."

[2] Cf. Hbr 8,1-2: "Esto es lo más importante de lo que estamos
diciendo: que tenemos un sumo sacerdote que se sentó en los
cielos a la derecha del trono de Dios, como ministro del santua-
rio y de la verdadera tienda de la presencia levantada por el Señor, y no por un hombre."

[3] Cf. Hbr 1,1-2: "Muchas veces y de muchas maneras habló
Dios antiguamente a nuestros antepasados por medio de los
profetas, ahora en este momento final nos ha hablado por medio del Hijo, a quien constituyó heredero de todas las cosas y
por quien hizo también el universo."

[4] Cf. Lc 4,18: "El espíritu del Señor está sobre mí, porque me ha
ungido para anunciar la buena noticia a los pobres; me ha envia-
do a proclamar la liberación a los cautivos, a dar vista a los ciegos, a libertar a los oprimidos."

[5] Cf. 1Pe 2,9: "Ustedes, en cambio, son descendencia elegida,
reino de sacerdotes y nación santa, pueblo adquirido en posesión para anunciar las grandezas del que los llamó de la oscuridad a su admirable luz."

[6] Cf. 1Jn 2,20: "Ustedes, en cambio, tienen el Espíritu que viene
de Dios y lo saben todo."

que recibieron de Él permanece en ustedes".[1]

Jesús de Nazareth en cuanto único ungido, cuya unción "permanece en" el cristiano en cuanto cristiano, es el ungido esencialmente a partir de la antigua Alianza, esa misma alianza que en él tiene cumplimiento, y lo es de tal manera que sólo puede ser visto y entendido a partir de esta antigua Alianza.

Pero porque esta antigua Alianza es sólo instrumento de Dios "para iluminar a los paganos" –*zur Erleuchtung der Heiden*–,[2] Jesús en cuanto Mesías de la antigua Alianza es también esencialmente "Salvador del mundo" –*Erlöser des Kosmos*–,[3] de tal manera que se lo debe ver y comprender a partir de la multiforme plenitud del anhelo de liberación y redención de todos los pueblos del mundo. A esto se referían los antiguos Padres de la Iglesia cuando hablaban del Adviento –como espera y como venida– de los paganos a Cristo.

Pero en el misterio de la unidad de judíos y paganos, este único "Mesías de los judíos" y "Salvador del mundo" aparece finalmente, en lo más profundo de su esencia, en el misterio de un Dios santísimo que se presta a un "intercambio", que este Mesías y Salvador se "intercambia" por el "pecado del mundo": en cuanto que Él "toma sobre sí el pecado del mundo"[4] del "primer Adán y de la primera Eva" y lo "carga" hasta la "maldición", la "muerte" y el "descenso al infierno".

---

[1] Cf. 1Jn 2,27: "En cuanto a ustedes, el Espíritu que recibieron de él permanece en ustedes y no tienen necesidad de que nadie les enseñe."

[2] [Cf. Lc 2,32. Utilizamos el término "paganos" para traducir *Heiden* aunque no sea bíblicamente correcta. El texto alemán no utiliza un término específico para indicar a las "gentes" o "naciones". Por tanto, aunque el texto bíblico utilice el término *ethne*, preferimos respetar la interpretación del autor.]

[3] Jn 4,42.

[4] [Jn 1,29.]

Y esto se convierte para nosotros "en Jesús, el Mesías", en "sabiduría de Dios, justicia, santificación y redención".[1]

El misterio más íntimo de Jesús de Nazareth como el "Mesías de los judíos" y "Salvador del mundo" es este "intercambio" entre el Dios santísimo y el hombre pecador, que san Pablo expresa con la palabra griega *katallagè*, es decir intercambio por algo totalmente distinto: entre el Dios "totalmente distinto" y bienaventurado y el hombre "totalmente distinto" y desgraciado. Es el intercambio por el que la liturgia llega a exclamar, llena de estupor: *O admirabile commercium*! "¡Oh admirable intercambio!"

En este misterio del "admirable intercambio" es Jesús de Nazareth, totalmente Dios –*totus Deus*–, el que se dona al hombre como intercambio. Y es el mismo Jesús, totalmente hombre –*totus homo*–, el que en el "intercambio" es asumido plenamente en Dios. En el uno y único Jesús de Nazareth histórico se encuentra toda la posibilidad de ver, oír y tocar al "Dios a quien nadie ha visto jamás":[2] "El que me ve, ve al Padre".[3]

En este misterio, la Iglesia es "cuerpo" de su "cabeza" Jesucristo, en su totalidad corte mayestática de la Divina Majestad sobre la tierra –*tota curia divina*–, que se manifiesta en la celebración de su liturgia, en la dignidad de su jerarquía, en el orden de su derecho canónico: y lo es precisamente para ser en su totalidad pueblo –*totus populus*–, verdaderamente terreno, humano, frágil y pecador, siempre y cada vez nuevo "cuerpo desfigurado" del "Cristo desfigurado" (como lo formula san Agustín[4]).

En este misterio, finalmente, cada cristiano es "totalmente hijo y heredero de Dios" –*totus filius Dei*–, y de esa

---

[1] 1Cor 1,30: "A él deben ustedes su existencia cristiana, ya que Cristo fue hecho para nosotros sabiduría que procede de Dios, salvación, santificación y redención."

[2] Jn 1,18.

[3] Jn 14,19.

[4] [AGUSTÍN *Enarraciones*, CXXVII,8.]

manera sencillamente "pobre pecador" –*totus peccator*–.

Pero estos tres misterios: de Cristo, de la Iglesia y del cristiano con su doble faz no son el fruto de alguna "contradicción metafísica" (que correspondería a un maniqueísmo), sino sólo y únicamente a causa de la "salvación del mundo", cuya salvación consiste en que Cristo en cuanto cabeza, la Iglesia en cuanto cuerpo y el cristiano como miembro de este cuerpo son y tienen que ser el único "cordero de Dios" que "toma, asume, carga y quita el pecado del mundo".[1]

Por tanto lo esencial y decisivamente "cristiano" está en que nosotros tenemos que realizar conjuntamente en todo nuestro ser, nuestra vida, nuestro obrar, nuestro sufrir y morir el uno y único *katallagè*, el uno y único *commercium* que es Cristo mismo: intercambio entre la divinidad santa (en el que nosotros "participamos" como "hijos de Dios"[2]) y la humanidad pecadora (de un "mundo que está en poder del malvado rugiente",[3] el diablo[4] como "dios y príncipe de este mundo"[5]).

La "ley del Espíritu de la vida en Cristo" que es la "libertad" con respecto a la "ley del pecado y de la muerte"[6]

---

[1] [Jn 1,29.]

[2] Cf. 2Pe 1,4: "Y también nos ha otorgado valiosas y sublimes promesas, para que, evitando la corrupción que las pasiones han introducido en el mundo, se hagan partícipes de la naturaleza divina."

[3] Cf. 1Pe 5,8: "El diablo, su enemigo, ronda como león rugiente buscando a quien devorar."

[4] Cf. 1Jn 5,19: "Sabemos que pertenecemos a Dios, y que el mundo entero está bajo el poder del maligno."

[5] 2Cor 4,4: "[...] para esos incrédulos cuyas inteligencias cegó el dios de este mundo para que no vean brillar la luz del glorioso evangelio de Cristo."; Jn 14,30: "[...] se acerca el príncipe de este mundo."

[6] Rm 8,2: "Porque la ley del Espíritu vivificador me ha liberado por medio de Cristo Jesús de la ley del pecado y de la muerte."

de la antigua Alianza, por tanto la auténtica "ley cristiana" o, más simplemente, la "ley del cristiano" dice: "Ahora (es decir en cada instante y en cada momento) me alegro de padecer por ustedes, pues así voy completando en mi existencia terrena y en favor del cuerpo de Cristo, que es la Iglesia, lo que aún falta al total de sus sufrimientos",[1] en la medida en que cargo y soporto el "oprobio de Cristo",[2] de su cruz de "maldición",[3] de "locura"[4] y de "escándalo"[5] por la "salvación del mundo" que está "sin Cristo y sin Dios".[6]

(2) Europa cristiana: medioevo cristiano, iluminismo cristiano, restauración cristiana, "intercambio" cristiano

El "servicio" de una "Europa cristiana" entendida como "occidente cristiano" consiste en realizar, con Cristo y en Cristo, la única "diaconía del intercambio salvador". Esto es, según el significado de la palabra *diakonia*, ser el único "mensajero veloz y servidor de la mesa", para "invi-

---

[1] Col 1,24.

[2] Cf. Hb 11,26; Hb 13,13.

[3] Gal 3,13: "Pero Cristo nos ha liberado de la maldición de la ley haciéndose por nosotros maldición, pues dice la Escritura: Maldito todo el que cuelga de un madero."

[4] 1Cor 1,21: "Y puesto que la sabiduría del mundo no ha sido capaz de reconocer a Dios a través de la sabiduría divina, Dios ha querido salvar a los creyentes por la locura del mensaje que predicamos."

[5] 1Cor 1,23: "Nosotros predicamos a un Cristo crucificado, que es escándalo para los judíos y locura para los paganos."

[6] Ef 2,12: "Recuerden que en otro tiempo estuvieron sin Cristo, sin derecho a la ciudadanía de Israel, ajenos a la alianza y su promesa, sin esperanza y sin Dios en el mundo."

tar" a un mundo "sin Cristo y sin Dios" al "banquete de las bodas del hijo del rey"[1] y para "servir"[2] luego en el banquete.

Ciertamente fue en su origen una "idea cristiana" que el "cuerpo de Cristo" paulino se ampliara en una "ciudad de Dios" agustina y en un "Sacro imperio" constantiniano y medieval como forma de un "occidente cristiano".

Pero, como prueba implacablemente el historiador austríaco Friedrich Heer,[3] este "Reino de Dios sobre la tierra" se desarrolló en una nueva antigua Alianza de un "pueblo elegido": porque todos, tanto los Carolingios como el emperador de Bizancio, los Ottones, los Hohenstaufen y los Habsburgo se consideraron a sí mismos como la gloriosa presencia de la Divina Majestad sobre la tierra y obraron en consecuencia, hasta ver en los "sin Cristo y sin Dios" únicamente al "enemigo" que debía ser obligado a bautizarse o exterminado por medio de "cruzadas".

Frente a esto, encontramos que en el origen de la Reforma estaba presente la "idea cristiana" de hacer desaparecer lo más posible esta presencia gloriosa de Dios en una gloriosa representación, y poner el acento en la presencia oculta de Dios en una "iglesia pecadora" y en una "humanidad pecadora".

Pero la "Iglesia del evangelio" y el "hombre del evan-

---

[1] Mt 22,1-2: "Jesús tomó de nuevo la palabra y les dijo esta parábola: Con el reino de los cielos sucede lo mismo que con aquel rey que celebraba la boda de su hijo."

[2] Mt 25,34-36: "Entonces el rey dirá a los de un lado: Vengan, benditos de mi Padre, tomen posesión del reino preparado para ustedes desde la creación del mundo. Porque tuve hambre, y me dieron de comer; tuve sed y me dieron de beber; era un extraño, y me hospedaron; estaba desnudo, y me vistieron; enfermo, y me visitaron; en la cárcel, y fueron a verme."

[3] [Cf. HEER (1949: 139-164).]

gelio" (en el sentido confesional del término "evangélico"[1] se desarrolló en una nueva antigua Alianza: es decir, una Alianza basada en la siempre nueva "conversión" predicada por los profetas. Esta "conversión" se convirtió en el elemento vinculante de la nueva "comunidad elegida" fundada por Lutero y desarrollada por Calvino en la Ginebra de los "elegidos predestinados". Esta concepción contenía la idea de una "tierra de Dios" de los "anglosajones elegidos", quienes quisieron y siguen queriendo ser "conquistadores mundiales" con sus "cruzadas morales".

En contraposición a la gloria del Medioevo y a la idea de predestinación de la Reforma y a las luchas apasionadas entre ambos, surgió en los siglos XVIII y XIX la llamada Ilustración basada en la "idea auténticamente cristiana" de una "Humanidad cristiana" en la que cada "enemigo", tanto cristiano como no cristiano, tanto el enemigo que creía en Dios como el no creyente, era considerado "hermano", aunque "hermano en la contradicción" –*Bruder im Gegensatz*–, fiel a la palabra del Señor en el Sermón de la montaña, según la cual debemos ser "hijos de aquel Padre" que "hace salir el sol sobre malos y buenos, y hace caer la lluvia sobre justos e injustos".[2]

Pero este "cristianismo de la humanidad" se desarrolló también en una nueva antigua Alianza de los "humanamente perfectos", como las logias masónicas animadas por una moral humanitaria, que se consideraban a sí mismas como una "élite" distinguida y separada, a cuyo "magisterio" correspondía la "educación de la raza humana".

En contraposición a este humanitarismo moralizante, fue ciertamente una "idea auténticamente cristiana" la del llamado Romanticismo que en Francia, Alemania y España aspiraba a la restauración de una "sociedad cristiana" bajo la imagen del "cuerpo de Cristo compuesto de mu-

---

[1] [La palabra "evangélico" hace referencia a la Iglesia Evangélica, que en castellano llamamos Luterana.]

[2] Mt 5,44-45.

chos miembros".

Y ciertamente fue y es una "idea cristiana" que desde mediados del siglo XIX y especialmente después del derrumbe producido por las dos guerras mundiales se formaran en Italia, Alemania, Francia, España y Bélgica los llamados "partidos cristianos", cuyo programa –en consciente o inconsciente continuidad con el Romanticismo histórico– consiste precisamente en esta "Restauración" [de una sociedad cristiana].

Pero la "sociedad cristiana" del antiguo Romanticismo, como también el "socialismo cristiano" de los "partidos cristianos" actuales se desarrolló y se desarrolla hasta convertirse en la última versión de una nueva antigua Alianza para construir un "organismo cristiano" –*eines christlichen Organismus*–: de la misma manera que el pueblo de Israel en la antigua Alianza se consideró, siempre de nuevo, un "organismo del Dios" viviente en sí mismo, ciegos para ver que tanto el Israel de la antigua Alianza como el "Israel de Dios"[1] de la nueva Alianza fue elegido únicamente como "instrumento" de Dios, para "salir", siempre de nuevo, "de su propia tierra y de la casa de sus padres".[2] Es lo que afirma para los cristianos la carta a los hebreos: "para salir fuera del rebaño de la Alianza y así cargar con el oprobio de Cristo".[3]

Tanto la "comunidad romántica" como también el "socialismo cristiano" actual (el partido "demócrata cristiano" o el partido "social cristiano") se desarrollaron y se desarrollan por tanto como una "comunidad" y un "socialismo" de grupo, cerrados y excluyentes, demasiado inclinados –igual que los fariseos de la antigua Alianza–, por motivo del prestigio, a hablar a sus "enemigos políticos" tratándolos como "desecho de la humanidad": "Aléjate de

---

[1] Gal 6,16.

[2] Cf. Gn 12,1: "El Señor dijo a Abrán: Deja tu tierra, tus parientes y la casa de tu padre, y vete a la tierra que yo te indicaré."

[3] Hb 13,12.

mí, porque soy puro",[1] totalmente ciegos para ver que el apóstol dice de los cristianos y de los mismos apóstoles: "Nos hemos convertido en la basura del mundo, hemos llegado a ser el desecho de todos",[2] porque los cristianos son llamados, según el ejemplo de Cristo, a arrodillarse y lavar la "suciedad de los pies" de un "mundo sucio".[3]

Por tanto, y en consecuencia, la "sociedad" del Romanticismo se desmoronó igual de fácil que el "socialismo" de los partidos cristianos, a causa de la típica infecundidad de las "elites uniformadas" que se agotan en programas brillantes, pero que luego aparecen "demasiado hermosos" como para tocar una "realidad sucia".

Pero de esta manera y a partir de este desarrollo histórico puede aparecer que una "Europa cristiana" entendida como "occidente cristiano", sea casi como un regreso de aquel Israel, al que Moisés y los profetas llamaron "casa de contradicción" y "raza de dura cerviz".[4] Pues todas las "formas" cristianas que aparecieron ante nuestros ojos llevan consigo un "no" de dura cerviz a la única y verdadera cristiandad, a la cristiandad del "intercambio redentor".

Es como una huida premeditada de aquella situación donde se es "la basura de este mundo y el desecho de todos",[5] en la que a través de esta cristiandad de la "basura" y del "desecho", el "mundo" y con él "todos" quedan libres de su propia "basura" y de su propio "desecho".

Es una huida premeditada hacia aquella situación que

---

[1] [Cf. Lc 5,8.]

[2] 1Cor 4,13.

[3] Cf. Jn 13,1-14.

[4] [Cf. Ex 32,9: "Me estoy dando cuenta de que ese pueblo es un pueblo terco."; Jer 17,23: "Pero ellos no escucharon ni hicieron caso, se empeñaron en no escuchar ni aprender."; Ez 2,4-5: "Te envío a esos hijos que tienen el corazón duro como una piedra. Les hablarás de mi parte, te escuchen o no, pues son un pueblo rebelde."]

[5] [1Cor 4,13.]

reviste alguna de las formas de la "distinción y exclusivismo –*Ausgesondertheit*– sacral", para convertirse en "ciudad de Dios" o en "Sacro imperio" o en "comunidad de los elegidos" o en "logia de la humanidad cristiana" o en "sociedad cristiana" o en "partido cristiano".

Por eso una verdaderamente nueva "Europa cristiana" entendida como "occidente cristiano" sólo puede consistir en que nosotros, los cristianos, con Cristo, "amigo y compañero de mesa de los pecadores",[1] nos hagamos realmente "amigos de los pecadores" y nos sentemos realmente a la "mesa de los pecadores", –para ser sólo cristianos como "Cristo", que "no destruye a sus enemigos"[2] sino que "toma y vuelve a tomar, carga sobre sí y quita el pecado del mundo".[3]

---

[1] Mt 11,19: "Viene el Hijo del hombre, que come y bebe, y dicen: Ahí tienen un comilón y un borracho, amigo de recaudadores de impuestos y pecadores."

[2] Cf. Is 42,3 y Mt 12,20: "No romperá la caña resquebrajada ni apagará la mecha que apenas arde, hasta que haga triunfar la justicia."

[3] Jn 1,29: "Juan vio a Jesús [...] y dijo: Este es el Cordero de Dios, que quita el pecado del mundo."

EPÍLOGO

A MANERA DE EPÍLOGO

Por José Luis Narvaja

Quella storia è più grande di una sua dimostrazione scientifica. Non è riducibile a verifica. È sacra, una soglia alta dell'udito che pretende ascolto come atto di amore e affidamento, per essere intesa.

Erri de Luca

Llama la atención en el estudio que acabamos de recorrer el uso que hace Przywara del mito. De tal manera que nos lleva a la pregunta por la relación entre mito e historia. No pretendo aquí un análisis erudito, que nos haría perder de vista la hondura del mito. Quisiera más bien ofrecer algunas claves para la reflexión.

Przywara encierra su estudio entre dos mitos. El mito de Europa, en el primer capítulo, nos habla de preeminencia y dominio. El mito cristiano en el último, es mito de humildad.

El mito como esfuerzo por encontrar el sentido que subyace al acontecer histórico corresponde a una visión platónica, que no se opone, sino que se anuda históricamente con una visión aristotélica en la que adquieren valor los hechos irreversibles. Lo fáctico está abierto al sentido más hondo, más allá del éxito o del fracaso.

Destacan en estos hechos irreversibles aquellos que

significaron el entrecruzarse de los tres continentes antiguos en un mestizaje que también es constitutivo, favore-
cido por la geografía y resaltado por el mito.

De esta manera la entrada de los pueblos bárbaros en
Europa o el islam en España, para poner sólo algún ejemplo, son los momentos de mayor enriquecimiento cultural
del continente.

Jorge Luis Borges nos recuerda en la *Historia del guerrero
y de la cautiva* la fascinación que llevó a Droctulft a defender la ciudad que antes había atacado. La noticia la trae
Pablo Diácono en su *Historia Longobardorum*. Pero a Borges
no le interesa el Droctulft histórico, sino el personaje mítico, el que es muchos en uno, fruto del olvido y de la memoria. Borges ve en Droctulft algo más que el personaje
histórico que fue subyugado por una estatua, un arco, un
templo o enceguecido por la revelación de la Ciudad. Ve el
arquetipo mítico que implica liberación. Droctulft se liberó
de la estrechez del espacio y del tiempo en una experiencia
de totalidad. Otra vez Borges nos ilumina:

> *ya todo está [...]*
> *sólo del otro lado del ocaso*
> *verás los Arquetipos y Esplendores.*

Yo agregaría que Droctulft descubrió que lo más en-
trañable que se esconde en el enemigo es el amigo.

Esta mutua fascinación del mestizaje fue el punto de
partida del intento de Przywara por remitologizar Europa.
La fascinación de un Dios "mestizo", todo Dios y todo
hombre. Fascinación en sentido activo y pasivo, porque
Dios atrae hacia sí al hombre por quien siente fascinación.
Y la expresión mítica de esta fascinación es el gesto del
lavado de los pies.

Decir que es verdaderamente mito, no significa negar
el hecho histórico. Significa reconocer que lo que sucede
en la historia empalidece ante aquello que "le sucede a la
historia". Es reconocerle la valencia trans-histórica de ese
arquetipo de liberación. Porque en la historia es el esclavo
quien debe lavar los pies a su amo. Aquí, en cambio, la

acción misma engendra señorío porque el mito se promete paradojas que no puede prometerse el hecho histórico. Porque es mito y hecho irreversible, no se puede volver atrás, desde ese momento ya no hay otra forma de ser señor más que la de ponerse al servicio.

Análoga es la relación entre historia y mito. La ciencia histórica termina siendo esclava de la palabra que quiere agotar el hecho. El mito, en cambio, lee el silencio y se atreve a lo inefable porque es señor del silencio.

Aquí está la gran intuición de Przywara en su esfuerzo de remitologizar Europa y todo el occidente.

BIBLIOGRAFÍA

Fuentes

AGUSTÍN *Enarraciones*
AGUSTÍN DE HIPONA: *Enarraciones sobre los Salmos*, edición preparada por el P. BALBINO MARTÍN PÉREZ O.S.A., introducción general del P. JOSÉ MORÁN O.S.A., (BAC 235, 246, 255, 264), Madrid 1964.

AGUSTÍN *Méritos y perdón*
AGUSTÍN DE HIPONA: *De los méritos y perdón de los pecados y sobre el bautismo a los infantes*, versión española, introducción y notas de VICTORINO CAPÁNAGA O.S.A. y GREGORIO ERCE O.R.S.A. (BAC 79), Madrid 1964, p. 178-390.

BARICCO *Barnum*
ALESSANDRO BARICCO: *Barnum. Cronache dal Grande Show*, Milano 1995.

BAKUNIN *Die Prinzipien der Revolution*
MICHAEL BAKUNIN: *Die Prinzipien der Revolution*, en MICHAEL BAKUNIN, *Staatlichkeit und Anarchie und andere Schriften*, herausgegeben und eingeleitet von HORST STUKE, Frankfurt am Main 1972, p. 100-105.

DESCARTES *Discurso*
RENÉ DESCARTES: *Discurso del método* (edición bilingüe), traducción, notas, introducción de MARIO CAIMI, Buenos Aires 2004.

GUARDINI L'opposizione polare
    ROMANO GUARDINI: L'opposizione polare, en R. GUARDINI:
    Opera Omnia. I. Scritti di metodologia filosofica, Brescia 2007, p.
    65-241.

HEER Experiment Europas
    FRIEDRICH HEER: Experiment Europas. Tausend Jahre
    Christenheit, Einsiedeln 1952.

HERÓDOTO Historias
    HERÓDOTO: Storie, Milano 1984.

HILLESUM Diario
    ETTI HILLESUM Diario 1941-1943, Milano 2008.

HOBBES El ciudadano
    THOMAS HOBBES: Tratado sobre el ciudadano, edición de
    JOAQUÍN RODRÍGUEZ FEO, Valladolid 1999.

HOMERO Ilíada
    HOMÈRE: Iliade, texte établi et traduit par PAUL MAZON,
    París 1937.

HUSSERL Crisi delle scienze
    EDMUND HUSSERL: La crisi delle scienze europee e la fenomenologia
    trascendentale, Milano 1987.

HUSSERL Crisi dell'umanità
    EDMUND HUSSERL: La crisi dell'umanità europea e la filosofia, en
    EDMUND HUSSERL: Crisi e rinascita della cultura europea,
    Venezia 1999.

HUSSERL Idea di Europa
    EDMUND HUSSERL: L'idea di Europa, Milano 1999.

OVIDIO Metamorfosis
    OVIDIO: Metamorphoses, texte établi et traduit par GEORGE
    LAFAYE, París 1928.

PLATO Timeo
    PLATÓN: Timeo, en PLATÓN, Diálogos. VI. Filebo, Timeo,
    Critias, Traducciones, introducciones y notas por MA.
    ÁNGELES DURÁN y FRANCISCO LISI, Madrid 1992, p. 125-
    261.

PLATO Critias

PLATÓN: *Critias*, en PLATÓN, *Diálogos*. VI. Filebo, Timeo, Critias, Traducciones, introducciones y notas por MA. ÁNGELES DURÁN y FRANCISCO LISI, Madrid 1992, p. 263-296.

PRZYWARA *Alter und Neuer Bund*
ERICH PRZYWARA: *Alter und Neuer Bund. Theologie der Stunde*, Wien–München 1956.

PRZYWARA *Analogia entis*
ERICH PRZYWARA: *Analogia entis. Metafisica*, Milano 1995.

PRZYWARA *Humanitass*
ERICH PRZYWARA: *Humanitas. Der Mensch gestern und morgen*, Nürnberg 1952.

PRZYWARA *In und Gegen*
ERICH PRZYWARA: *In und Gegen. Stellungnahmen zur Zeit*, Nürnberg 1955.

PRZYWARA *Logos*
ERICH PRZYWARA: *Logos, Abendland, Reich, Commercium*, Düsseldorf 1964.

PRZYWARA: *L'uomo*
ERICH PRZYWARA: *L'uomo. Antropologia tipologica*, Milano 1968.

SCHNEIDER *Hohenzollern*
REINHOLD SCHNEIDER: *Die Hohenzollern*. Tragik und Königtum, Leipzig 1933.

STALIN *Discrepancias*
JOSÉ STALIN: *Brevemente sobre las discrepancias en el Partido*, en STALIN, *Obras I (1901-1907) – Revolution*, p. 87-127, Buenos Aires 1955.

Estudios

ANDERS (2007)
G. ANDERS: *L'uomo è antiquato*, vol. I: *Considerazioni sull'anima*

nell'epoca della seconda rivoluzione industriale - vol. II: *Sulla distruzione della vita nell'epoca della terza rivoluzione industriale*, Torino 2007.

BAUMAN (1992)
    Z. BAUMAN: *Modernità e Olocausto*, Bologna 1992.

BETTINI (2001)
    M. BETTINI: "Contro le radici. Tradizione, identità, memoria", en *Il Mulino 1* (2001), p. 5-15.

BISER (1997)
    E. BISER: *Einweisung ins Christentum*, Düsseldorf 1997.

BURCKHARDT (1947)
    JACOB BURCKHARDT: *Richelieu*, München 1947.

BURCKHARDT (1953)
    JACOB BURCKHARDT: *Vier historische Betrachtungen*, Zürich 1953.

CASTELLUCCI (2006)
    E. CASTELLUCCI: "Israele, le Genti, la Chiesa: dalla sostituzione all'innesto", en *Rivista di Teologia dell'Evangelizzazione 20* (2006), p. 257-282.

CASTELLUCCI (2007)
    E. CASTELLUCCI: "Le ripercussioni del dialogo ebraico-cristiano sulla teologia cattolica", en *Rivista di Teologia dell'Evangelizzazione 21* (2007), p. 37-59

CAVADI (2010)
    A. CAVADI: *Filosofia di strada. La filosofia-in-pratica e le sue pratiche*, Trapani 2010.

CEVASCO (2007)
    P. CEVASCO: "Vita e opere di Erich Przywara", en ERICH PRZYWARA: *Agostino inForma l'Occidente*, Milano 2007.

COSTA (2009)
    V. COSTA: *Husserl*, Roma 2009.

COVA (1991)
    G. D. COVA: "Nota sulla lettera agli Efesini", en *Cristianesimo nella Storia* 12 (1991), 341-351.

COVA (2006)
G. D. COVA: "Israele, Chiesa, Umma. Contributo per un dibattito", en *Rivista di Teologia dell'Evangelizzazione 20* (2006), p. 359-399.

DIANICH (2012)
S. DIANICH: "Le attese della Chiesa", en *Il Regno–Attualità 14* (2012), p. 435-440.

DURAND (2002)
J. DURAND: *Storia della Democrazia cristiana in Europa. Dalla rivoluzione francese al postcomunismo*, Milano 2002.

FABER (1997)
E.-M. FABER: "Przywara, Erich (1889-1972)", en *Theologische Realenzyklopädie*, vol. XXVII, Berlin-New York, 1997, p. 609.

GENTILE (2007)
GENTILE: *Le religioni della politica. Fra democrazie e totalitarismi*, Roma-Bari 2007.

GERL FALKOWITZ (2001)
H.-B. GERL FALKOWITZ: "Il *ver sacrum catholicum* in Germania come reazione alla prima guerra mondiale, con particolare attenzione alla figura di Erich Przywara", en *Annali di Scienze Religiose* 6 (2001), p. 114-116.

GERTZ (1967)
B. GERTZ (ed.): *Katholische Krise*, Düsseldorf 1967.

GERTZ (1990)
B. GERTZ: "Erich Przywara (1889-1972)", en *Christliche Philosophie im katholischen Denken des 19. Und 20 Jahrhunderts*, Graz 1987-1990, vol. III, p. 573-589.

GRILLI (2007)
M. GRILLI: *Quale rapporto tra i due Testamenti? Riflessione critica sui modelli ermeneutici classici concernenti l'unità delle Scritture*, Bologna 2007.

GROSSMAN (2012)
D. GROSSMAN: "L'Iran, re Bibi e il 'popolo eterno' di Israele", in *La Repubblica* 3 agosto 2012, p. 1 y 31.

HEER (1949)
F. HEER: *Gespräch der Feinde*, Wien 1949.

HEER (1956)

F. HEER: *Quellgrund dieser Zeit*. Historische Aufsätze, Einsiedeln 1956.

HUIZINGA (1966)

J. HUIZINGA: *La crisi della civiltà*, Torino 1966 (I ed. 1935).

HÜNERMANN (2005)

P. HÜNERMANN: "La relazione ebraico-cristiana: una scoperta conciliare e le conseguenze metodologiche nella teologia dogmatica", en P. HOFMANN / J. SIEVERS / M. MOTTOLESE (a cura di): *Chiesa ed ebraismo oggi. Percorsi fatti, questioni aperte*, Roma 2005.

HUXLEY (1949)

A. HUXLEY: *Gray Eminence*, London 1949.

ILLICH (2009)

I. ILLICH: *I fiumi a nord del futuro*, Firenze 2009.

KANTOROWICZ (1957)

E. H. KANTOROWICZ: *The King's two Bodies. A study in Mediaeval Political Theology*, Princeton 1957.

KASPER (2002)

W. KASPER: *Address on the 37th Anniversary of Nostra Aetate*, 28.10.2002, en www.sidic.org.

KASPER (2011)

W. KASPER: "Foreword", en P. A. CUNNINGHAM / J. SIEVERS / M. C. BOYS / H. H. HENRIX / J. SVARTVIK (edd.): *Christ Jesus and the Jewish People Today. New Exploration of Theological Interrelationships*, Rome 2011, x-xviii.

LEVI DELLA TORRE (1995)

S. LEVI DELLA TORRE: *Essere fuori luogo. Il dilemma ebraico tra diaspora e ritorno*, Roma 1995.

LUBAC (1982-1984)

H. DE LUBAC: *La posterità spirituale di Gioacchino da Fiore*, vol. I: *Dagli Spirituali a Schelling* - vol. II: *Da Schelling ai nostri giorni*, Milano 1982-1984.

MAIER (1999)

C. S. MAIER: "Il Ventesimo secolo è stato peggiore degli altri? Un bilancio storico alla fine del Novecento", en *Il*

Mulino 6 (1999), p. 995-1011.

MANCINI (2010)
  R. MANCINI: *Per un'altra politica. Scegliere il bene comune*, Assisi
  2010.

MANDREOLI (2011)
  F. MANDREOLI: "La tradizione cristiana, la pace e la guerra.
  'Dio lo vuole'", en *Il Regno - Attualità 12* (2011), p. 410-426.

MATHIEU (1968)
  V. MATHIEU: "Erich Przywara nella filosofia d'oggi", en E.
  PRZYWARA *L'uomo*, p. 3-28.

MAYEUR (1983)
  J. M. MAYEUR: *Partiti cattolici e Democrazia cristiana in Europa
  '800-'900*, Milano 1983.

MOLTENI (1996)
  P. MOLTENI: *Al di là degli estremi. Introduzione al pensiero di
  Erich Przywara*, Milano 1996.

MUYS (1856)
  GOTTFRIED MUYS: *Forschungen auf dem Gebiete der alten Völker-
  und Mythengeschichte*. 1. Griechenland und der Orient, Köln
  1856.

NICOLETTI (2000)
  M. NICOLETTI: *La politica e il male*, Brescia 2000.

NUSSBAUM (2004)
  M. C. NUSSBAUM: *La fragilità del bene. Fortuna ed etica nella
  tragedia e nella filosofia greca*, Bologna 2004.

PENNA (2011)
  R. PENNA: "Da Israele al cosmo. Ampliamenti dell'orizzonte
  cristologico nello sviluppo dell'innografia neotestamentaria",
  en R. PENNA: *Profili di Gesù*, Bologna 2011, p. 155-177.

PIKAZA (1999)
  X. PIKAZA: *Questo è l'uomo*, Roma 1999.

PIKAZA (2002)
  X. PIKAZA: *Sistema, Libertà, Chiesa. Istituzioni del Nuovo
  Testamento*, Roma 2002.

116   bibliografía

PISCHKE (2002)
    G. PISCHKE: *Brunonen und Welfen als Königskandidaten und
    Königswähler von 11. bis 14. Jahrhundert*, en ARMIN WOLF
    (hrsg.): *Königliche Tochterstämme, Könnigswähler und Kurfursten*,
    Frankfurt am Main 2002, p. 107-162.

PRODI (1992)
    P. PRODI: *Il sacramento del potere. Il giuramento politico nella storia
    costituzionale dell'Occidente*, Bologna 1992.

PRODI (2011)
    P. PRODI: "Monoteismi e religioni politiche", en *Il Mulino
    454* (2011), p. 191-208.

PRODI (2012a)
    P. PRODI: *Cristianismo y poder*, Bologna 2012.

PRODI (2012b)
    P. PRODI: "Dalle secolarizzazioni alle religioni politiche", en
    P. PRODI: *Storia moderna o genesi della modernità?*, Bologna
    2012.

REPOLE (2007)
    R. REPOLE: *Il pensiero umile*, Roma 2007.

RUGGIERI (2003)
    G. RUGGIERI: "Tempi dei segni e segni dei tempi: dalla
    Humanae salutis alla *Gaudium et spes*", en *Parola, Spirito e Vita
    47* (2003), p. 253-264.

RUGGIERI (2007)
    G. RUGGIERI: *La verità crocifissa. Il pensiero cristiano di fronte
    all'alterità*, Roma 2007.

SCHMITT (1958)
    C. SCHMITT: *Verfassungsrechtliche Aufsätze aus den Jahren 1924-
    1954*. Materialien zu einer Verfassungslehre, Berlin 1958.

SCOPPOLA (1985)
    P. SCOPPOLA: *La "nuova cristianità" perduta*, Roma 1985.

SEQUERI (1987)
    P. A. SEQUERI: "Analogia", en *Dizionario Teologico
    Interdisciplinare*, vol. I, Genova 1987, p. 341-351.

SEQUERI (1998)
P. A. SEQUERI: "L'interese teologico per una fenomenologia di Gesù: giustificazione e prospettive", en *Teologia 23* (1998), p. 289-329.

SEQUERI (2011)
P. A. SEQUERI: *Contro gli idoli postmoderni*, Torino 2011.

SPRENGLER (1919-1922)
O. SPRENGLER: *Der Untergang des Abendlandes. Umrisse einer Morphologie der Weltgeschichte*, München 1919-1922.

STEFANI (2004)
P. STEFANI: *L'antigiudaismo. Storia di un'idea*, Roma 2004.

STEFANI (2012)
P. STEFANI: "Un 'nuovo popolo'... un 'Regno e dei Sacerdoti' (LG 10), en C. MILITELLO (ed.): *I Laici dopo il Concilio. Quale autonomia?*, Bologna 2012, p. 71-80.

VOLONTÉ (1995)
PAOLO VOLONTÉ: "Introduzione. L'analogia ontologica come principio dinamico", en PRZYWARA *Analogia entis. Metafisica*, p. XI-XLV.

ZAGREBELSKY (2012)
G. ZAGREBELSKY: *Simboli al potere. Politica, fiducia, speranza*, Torino 2012.

ZAMAGNI (2012)
G. ZAMAGNI: "Tra Costantino e Hitler. L'Europa di Friedrich Heer", en G. ZAMAGNI: *Fine dell'era costantiniana. Retrospettiva genealogica di un concetto critico*, Bologna 2012.

ZIMMY (1963)
L. ZIMMY (hg.): *E. Przywara. Sein Schriftum 1912-1962*, Einsielden 1963.

INDICE

El Instituto Thomas Falkner sj
para el estudio de las fuentes de la filosofía, teología e historia de la ciencia

En el ámbito de las Facultades de Filosofía y Teología de San Miguel, área San Miguel de la Universidad del Salvador funciona el Instituto Thomas Falkner sj.

La finalidad del Instituto es la edición de fuentes, la promoción de investigaciones y publicaciones concernientes a la filosofía, teología e historia de las ciencias.

El Instituto lleva el nombre del jesuita de origen inglés Thomas Falkner.

Nació en Manchester (¿1702/1707?). Se entrenó como 'médico' en Londres y viajó al Río de la Plata como cirujano de un barco de esclavos (1729-1730). En tierras americanas se convirtió al catolicismo y entró en la Compañía de Jesús en 1732. Hizo su noviciado y sus estudios de Filosofía y Teología en Córdoba, siendo ordenado sacerdote en 1739. Trabajó como misionero y como médico en Córdoba y Buenos Aires (entre otras tareas, fundó la misión de Ntra. Sra. del Pilar con indios Pampas en Laguna de los Padres). Después pasó unos años en la estancia del Colegio de Santa Fe en Carcarañá y luego regresó a Córdoba, donde continuó desempeñándose como médico (es posible que haya tenido alguna participación en la creación de una cátedra de matemáticas en la universidad). En 1769, con motivo de la expulsión, regresó a Inglaterra. Allí dictó su *Descripción de la Patagonia y partes adyacentes*, publicado en 1774. Este libro fue la primera descripción inteligente (geográfica, etnográfica y de historia natural) de gran parte del territorio de la futura Argentina y una fuente autorizada utilizada por reconocidos naturalistas como Darwin y d'Orbigny. Falkner murió en 1784.